全国统计科学研究重点项目《基于因子扩展的平滑转移向量自回归模型的中国金融市场状况测度研究》（2015159）。

兰州财经大学丝绸之路经济研究院重点项目《丝绸之路经济带区域性金融风险预警系统研究》（JYYZ201501）。

教育部人文社科青年基金项目《中国金融状况指数的构建及其应用研究——基于FASTVAR模型》(14YJC790138)。

书香中国学术文库

中国金融类指数的构建与货币政策非对称性效应分析

肖 强 司颖华 著

新华出版社

图书在版编目（CIP）数据

中国金融类指数的构建与货币政策非对称性效应分析 / 肖强，司颖华著 .
北京：新华出版社，2016.10
ISBN 978－7－5166－2913－0

Ⅰ.①中… Ⅱ.①肖…②司… Ⅲ.①金融体系—关系—货币政策—研究—中国
Ⅳ.①F832.1②F822.0

中国版本图书馆 CIP 数据核字（2016）第 267381 号

中国金融类指数的构建与货币政策非对称性效应分析

作　　者：肖　强　司颖华	
责任编辑：张　谦	封面设计：中联华文

出版发行：新华出版社
地　　址：北京石景山区京原路 8 号　　　邮　编：100040
网　　址：http://www.xinhuapub.com
经　　销：新华书店
购书热线：010-63077122　　　中国新闻书店购书热线：010-63072012
照　　排：中联学林
印　　刷：北京天正元印务有限公司
成品尺寸：170mm×240mm
印　　张：14　　　　　　　　　　　字　数：200 千字
版　　次：2017 年 1 月第一版　　　　印　次：2017 年 1 月第一次印刷
书　　号：ISBN 978－7－5166－2913－0
定　　价：42.00 元

图书如有印装问题，请与印刷厂联系调换：010-89587322

前　言

作为宏观经济政策的重要组成部分之一,货币政策通过多种传导途径,对经济中的产出、价格等重要的宏观经济变量产生影响。因此,研究货币政策对价格和产出等变量的影响是一直以来的重要研究方向。20世纪90年代,在货币非中性及货币政策传导渠道理论研究基础上,产生了对货币政策非对称性效应的研究。货币政策非对称性效应意味着,在不同的经济状态下,货币政策工具对产出或价格具有不同程度的影响。本文构建了三个金融指数:核心通货膨胀率、金融状况指数和物价预警综合指数。并从不同的视角分析货币政策的非对称性效应。主要工作如下:

第一,已有关于我国货币政策的效应研究中主要是基于VAR模型,针对变量消费者价格指数(CPI)进行的。这使得模型包含的信息不够充分,货币政策的价格效应缺少针对性。考虑到,一方面,因子扩展的向量自回归(FAVAR)模型在引入大量信息的同时不会造成参数估计的困难,很好地解决了VAR模型存在的不足。另一方面,核心通货膨胀是从货币政策的角度进行界定的,代表价格变动长期的、潜在的趋势。考虑到,已有基于统计或模型的核心通货膨胀度量,主要都是针对消费者价格指数(CPI)进行分析的。

虽然CPI反映了价格变动率主要部分,但不是全部。因此,需要利用比CPI包含信息更多的各种价格指数,来度量核心通货膨胀率。

首先,基于动态因子模型,从我国6个综合价格指数中得到核心通货膨胀率,它更好地反映了物价长期的、潜在的变动。其次,基于logistic平滑转换自回归(LSTAR)模型描述了核心通货膨胀率,并对其非线性动态调整特征进行了分析。然后,利用动态因子模型从大量宏观经济变量中提取少数几个宏观共同因子,分别针对CPI、核心通货膨胀率和CPI分类指数构建了包含货币政策工具和宏观共同因子的FAVAR模型,并运用脉冲响应函数刻画了货币政策工具对各个变量影响的动态特征。结果表明:与VAR模型相比,FAVAR模型在货币政策效应分析中更有效。与CPI相比,货币当局更应该盯住核心通货膨胀率。CPI分类指数对货币供给量脉冲的响应函数存在差异性,从而货币当局为了使调控价格更具针对性,需要关注货币政策对CPI分类指数影响的异质性。最后,将核心通货膨胀率作为平滑转换函数的转换变量,利用LSTVAR模型分析了货币政策的非对称性效应。实证结果表明,在由核心通货膨胀率确定的不同通胀状态下,货币政策对产出和价格具有非对称性效应。与高通胀状态相比,低通胀状态下扩张的货币政策对产出更有效。

第二,次贷危机、欧债危机等一系列事件再度凸显了金融市场对实体经济的严重冲击,而且资产价格对货币政策效应的影响也愈加明显。考虑到,金融状况指数(FCI)能很好地反映金融市场的运行状况。但已有我国相关文献中,FCI的构建存在采用的计量方法相对比较单一、包含的金融变量较少和样本区间较短等不足。而且FCI对宏观经济变量预测能力的测度也缺少更加深入的分析。所以,需要基于更有效的计量方法构建我国的FCI,并且基于FCI

分析金融市场与宏观经济的关系。

首先，选取代表利率、汇率、股票价格和房地产价格等的11个金融变量，利用动态因子模型提取其共同因子，并利用这些因子基于VAR模型构建了我国FCI。接着，从频域和时域两个角度测度我国FCI与主要宏观经济指标的关联性。实证结果显示，从长期来看，金融变量对实体经济有着较强的预测能力，领先于宏观经济变量的变动，与谱分析的结论一致。而短周期波动中，金融市场与宏观经济的影响关系存在易变性。因此，政府当局需要针对不同的周期来测度金融市场与宏观经济的关联性。然后，以FCI作为转移变量，建立了包含FCI、产出和价格的LSTVAR模型，分析FCI代表的金融市场对宏观经济变量冲击的非对称性效应。实证结果表明，在金融状况良好情形下，FCI对产出具有正向冲击效应。而在金融状况恶化的情形下，FCI对产出具有负向冲击效应。最后，以FCI作为转移变量，基于LSTVAR模型，分析货币政策的非对称性效应。实证结果表明，金融状况良好情形下，扩张的货币政策具有短期的正产出效应和长期的负产出效应。而金融状况恶化情形下，扩张的货币政策对产出的冲击具有负效应。

第三，在我国基于LSTVAR模型分析货币政策的非对称性效应中，平滑转移函数中转移变量的选取大多根据统计理论，尝试用所有变量及其滞后变量分别作为转移变量，以非线性检验是否显著以及显著的程度为标准来确定转移变量，这样得到的转移变量缺少经济含义的解释。

鉴于货币政策的重要目标之一就是保持物价稳定，本文首先针对物价预警指标利用动态因子模型生成物价预警综合指数，并基于马尔可夫体制转移自回归(MSAR)模型，探讨了我国物价预警综合指数波动的非线性特征。实证结果表明，把我国物价预警综合指数的波动划分为低通胀和高通胀两个状态,在拟合效果和对物价波动特征的解释能力方面都有一定的提高。最后,将物价预警综合指数作为转移变量,基于 LSTVAR 模型得到,在不同通胀预期状态下,货币政策对价格和产出具有非对称性效应。相比而言,低通胀状态下货币政策的产出效应为正且更显著。

综上所述,本书首先利用动态因子模型构建了我国的核心通货膨胀率、金融状况指数和物价预警综合指数。接着分析了三个指数的相关问题。最后,将三个指数分别作为转移函数中的转移变量,基于 LSTVAR 模型,从不同的角度分析了我国货币政策的非对称性效应。主要结论和政策建议如下:

第一,关于核心通货膨胀率。首先基于动态因子模型,从我国 6 个综合价格指数中得到核心通货膨胀率。与 CPI 相比,该核心通货膨胀率更好地反映了我国物价持久的和潜在的变动,更接近核心通货膨胀率的定义。

其次,基于 LSTAR 模型描述了核心通货膨胀率,并对其非线性动态调整特征进行了分析。结果表明,我国核心通货膨胀率的变动存在显著的非线性动态调整特征,并识别出我国核心通货膨胀率所处高通胀和低通胀状态的时期,这将更好地为政府部门准确判断我国物价的变动趋势,进而为制定并调整货币政策提供科学依据。

接着,利用动态因子模型从 35 个宏观变量中提取 6 个宏观共同因子,分别针对 CPI、核心通货膨胀率、CPI 分类指数构建了 FA-VAR 模型,并运用脉冲响应函数刻画了货币政策工具对各个变量冲击的动态特征。结果表明:第一,与 VAR 模型相比,FAVAR 模型在货币政策效应分析中更有效。第二,与 CPI 相比,货币当局更应该盯住核心通货膨胀率。第三,CPI 分类指数对货币供给量的脉冲响应函数存在差异性。因此,货币当局为了使调控价格更具有效性和针对性,需要关注货币政策对CPI分类指数影响的异质性特征。

最后,将核心通货膨胀率作为平滑转换函数的转换变量,基于LSTVAR模型分析货币政策的非对称性效应。实证结论表明,在由核心通货膨胀率确定的不同通胀状态下,货币政策对产出和价格具有显著的非对称性效应。在低通胀状态下,扩张的货币政策更有效。综上所述,由于货币政策的产出效应和价格效应较强地依赖于经济通胀状态。所以货币当局在制定货币政策时,不仅需要构建更合理的核心通货膨胀率,而且需要通过核心通货膨胀率来确定当前经济处于高通胀状态还是低通胀状态。

第二,关于金融状况指数。首先选取代表利率、汇率、股票价格和房地产价格等的11个金融变量,利用动态因子模型提取其共同金融因子,并利用这些因子基于VAR模型构建了量化我国金融状况的FCI。

接着,从频域和时域两个角度测度我国金融市场与宏观经济的关联性。实证结果显示,从长期来看,金融变量对宏观经济有着较强的预测能力,领先于宏观经济变量的变动。而短周期波动中,金融市场与宏观经济的影响关系存在易变性。

然后,以FCI作为转移变量,基于LSTVAR模型,分析得到了宏观经济变量对金融状况指数冲击的响应依赖于金融状况的变迁。实证结果表明,在金融状况良好情形下,金融状况指数对产出具有显著的正向冲击效应。而在金融状况恶化的情形下,金融状况指数对产出具有显著负的影响。

最后,以FCI作为转移变量,基于LSTVAR分析了货币政策的非对称性效应。实证结果表明,长期来看,货币政策的产出和价格效应均为负,但冲击程度不同。短期来看,金融状况良好情形下,货币政策的产出和价格效应均为正。而金融状况恶化情形下,货币政策的价格效应为负,但产出效应为正。综上所述,不同的金融状况下,货币政策的产出效应和价格效应存在非对称性。本文对政府在进行宏观调控时给出政策建议为:我国政府当局也需要尽快构建并公布真实反映我国国情的金融状况指数,为理性消费者提供一个可预期的宏观经济走势和货币政策实施方向。利用对金融状况指数的观测,政府当局尽早地、准确地把握当前金融市场是处在繁荣还是衰退时期,以便及时应对类似2008年金融危机对我国实体经济带来的严重打击。及时制定有效的货币政策等来调控金融市场。

第三,关于物价预警综合指数。首先利用动态因子模型构建了物价预警综合指数,并利用MSAR模型分析了我国物价预警综合指数的非线性动态调整特征,主要结论为:MS(2) - AR(1)模型能够很好地拟合我国物价预警指数的波动周期。我国物价预期波动具有明显的两区制结构变化,即高通胀预期状态和低通胀预期状态。政策含义在于,在制定反通货膨胀或反通货紧缩政策时,不能只关注CPI,需要同时科学地测度物价预警综合指数(PMG),并通过物价预警综合指数有效监测物价波动。

然后,将物价预警综合指数作为转移变量,基于LSTVAR模型,考察了不同通胀预期状态下我国货币政策冲击的非对称性效应。主要结论有:在不同通胀预期状态下,短期内,货币政策的产出和价格效应均具有非对称性。相比而言,低通胀状态下货币政策的产出效应为正且更显著。货币政策不具有长期的产出和价格效应。

总之,由于货币政策的产出效应和价格效应较强地依赖于经济通胀预期的状态。所以，货币当局在进行宏观调控时，不仅需要根据物价预警综合指数和门限值的大小关系确定当前经济是处于高通胀预期状态还是低通胀预期状态。而且需要明确当前政府宏观调控的首要目标是控制通货膨胀还是促进经济增长，这样才能制定出更加科学的货币政策。

本书系全国统计科学研究重点项目《基于因子扩展的平滑转移自回归模型的中国金融市场状况测度研究》(2015159)和兰州财经大学丝绸之路经济研究院重点项目《丝绸之路经济带区域性金融网络预警系统研究》(JYYZ201501)的阶段性研究成果之一。

本书在撰著过程中得到了恩师南开大学张晓峒教授的精心指导。也得到了兰州财经大学专项科研经费和统计学重点学科的大力资助。在此表示感谢，书中的错误和不妥之处由著者本人负责，也敬请读者批评指正。

作者

2016年8月于金城兰州

目 录
CONTENTS

第1章　绪　论 …………………………………………………… 1
 1.1　问题的提出与研究意义 ……………………………………… 1
  1.1.1　问题的提出 ………………………………………… 1
  1.1.2　研究意义 …………………………………………… 3
 1.2　文献综述 ……………………………………………………… 5
  1.2.1　基于动态因子模型的指数构建 …………………… 5
  1.2.2　货币政策效应分析的文献评述 …………………… 7
  1.2.3　货币政策非对称性效应形成机理的研究 ………… 10
  1.2.4　货币政策非对称性效应的实证研究 ……………… 13
 1.3　研究思路、结构安排和主要创新 …………………………… 19
  1.3.1　研究思路 …………………………………………… 19
  1.3.2　结构安排 …………………………………………… 19
  1.3.3　主要创新之处 ……………………………………… 22

第2章　动态因子模型 …………………………………………… 24
 2.1　动态因子模型的定义 ………………………………………… 25
 2.2　因子的估计 …………………………………………………… 28

2.3 动态因子模型的应用 …………………………………………………… 34
2.4 FAVAR 模型 ……………………………………………………………… 35

第 3 章 体制转换的非线性模型 …………………………………………… 39
3.1 马尔可夫体制转移自回归模型 …………………………………………… 40
3.2 平滑转移自回归模型 ……………………………………………………… 41
3.3 脉冲响应函数 ……………………………………………………………… 44
    3.3.1 多变量线性 VAR 模型的脉冲响应函数 ………………………… 44
    3.3.2 非线性 VAR 模型的广义脉冲响应函数 ………………………… 45
    3.3.3 广义脉冲响应函数值的产生 …………………………………… 46

第 4 章 平稳过程的谱分析 …………………………………………………… 48
4.1 谱 …………………………………………………………………………… 48
    4.1.1 谱及其性质 ……………………………………………………… 48
    4.1.2 自协方差函数的谱表示——谱分布函数 ……………………… 49
4.2 一些常用过程的谱 ………………………………………………………… 53
    4.2.1 谱和自协方差生成函数 ………………………………………… 53
    4.2.2 ARMA 模型的谱 ………………………………………………… 54
    4.2.3 两个独立过程之和的谱 ………………………………………… 58
4.3 线性滤波的谱 ……………………………………………………………… 59
    4.3.1 滤波函数 ………………………………………………………… 59
    4.3.2 移动平均的作用 ………………………………………………… 61
    4.3.3 差分的作用 ……………………………………………………… 62

第 5 章 谱估计 ………………………………………………………………… 64
5.1 周期图 ……………………………………………………………………… 64
5.2 样本谱 ……………………………………………………………………… 68

5.3 平滑谱 ··· 71
  5.3.1 在频率域平滑：谱窗 ·· 71
  5.3.2 时域中的平滑：延迟窗 ··· 73
5.4 ARMA 谱估计 ··· 75

第6章 小波分析基础 ··· 77
6.1 一维多尺度分析的定义 ··· 78
6.2 一维 Daubechies 小波 ·· 78
6.3 B-样条函数简述 ·· 80
6.4 Battle-Lemarie 小波族的一些性质 ·· 82
6.5 信号的分解和重构过程 ··· 84

第7章 核心通货膨胀率的构建及其相关分析 ························ 86
7.1 核心通货膨胀率的文献评述 ··· 87
7.2 基于动态因子模型的核心通货膨胀率构建 ······························· 91
  7.2.1 相关变量的选取及描述统计 ······································ 91
  7.2.2 核心通货膨胀率的构建 ·· 93
  7.2.3 结论及需要进一步研究的问题 ··································· 96
7.3 核心通货膨胀率的非线性动态调整特征 ································· 96
  7.3.1 非线性模型设定和估计 ·· 98
  7.3.2 核心通货膨胀率的非线性动态特性分析 ····················· 101
  7.3.3 小结 ··· 103
7.4 基于 FAVAR 模型的货币政策价格效应分析 ·························· 103
  7.4.1 货币政策的价格效应的文献评述 ······························ 103
  7.4.2 CPI 分类指数和共同宏观因子 ································· 105
  7.4.3 FAVAR 模型的构建 ··· 108
  7.4.4 货币政策对 CPI 的影响分析 ··································· 110

7.4.5　货币政策对核心通货膨胀率的影响分析 …………………… 112
7.4.6　货币政策对 CPI 分类指数影响分析 …………………… 113
7.4.7　结论及其政策建议 …………………… 115
7.5　本章小结 …………………… 116

第8章　核心通货膨胀视角下的货币政策非对称性效应分析 …………… 118
8.1　引言 …………………… 118
8.2　LSTVAR 模型的线性检验和估计 …………………… 119
  8.2.1　变量选取和数据处理 …………………… 119
  8.2.2　LSTVAR 模型的设定检验 …………………… 120
  8.2.3　LSTVAR 模型的估计 …………………… 121
8.3　核心通货膨胀视角下货币政策的非对称性效应分析 …………………… 122
  8.3.1　不同通胀状态下货币政策的产出效应分析 …………………… 123
  8.3.2　不同通胀状态下货币供给量的价格效应分析 …………………… 124
8.4　本章小结 …………………… 125

第9章　金融状况指数的测度及其与宏观经济的关系分析 …………… 127
9.1　金融状况指数的文献评述 …………………… 128
  9.1.1　金融状况指数简介 …………………… 128
  9.1.2　FCI 相关文献评述 …………………… 130
9.2　基于动态因子模型的 FCI 测度 …………………… 135
  9.2.1　变量的选取和处理 …………………… 135
  9.2.2　基于动态因子模型的 FCI 测度 …………………… 136
9.3　金融状况指数与宏观经济的关联性测度 …………………… 138
  9.3.1　基于互谱分析的 FCI 与宏观经济的关联性测度 …………………… 138
  9.3.2　基于小波方法的 FCI 和宏观经济的关联分析 …………………… 141
  9.3.3　结论及政策建议 …………………… 144

9.4 金融状况指数对宏观经济的非对称性影响分析 ………… 145
　9.4.1 LSTVAR 模型的线性检验和估计 ………… 145
　9.4.2 不同金融状况下 FCI 对宏观经济的冲击分析 ………… 148
　9.4.3 结论及其政策建议 ………… 151
9.5 本章小结 ………… 152

第10章 金融状况视角下的货币政策非对称性效应分析 ………… 154
10.1 资本价格和货币政策关系的文献综述 ………… 154
10.2 基于金融状况指数的货币政策非对称性效应分析 ………… 156
　10.2.1 模型的线性检验及模型的估计 ………… 156
　10.2.2 不同金融状况下货币政策的效应分析 ………… 159
10.3 本章小结 ………… 162

第11章 物价预警综合指数的构建及其非线性特征分析 ………… 164
11.1 物价预警综合指数的文献综述 ………… 164
11.2 基于动态因子模型的物价预警综合指数构建 ………… 165
　11.2.1 相关变量的选取 ………… 166
　11.2.2 基于动态因子模型的物价预警综合指数构建 ………… 166
11.3 物价预警综合指数的非线性特征分析 ………… 169
　11.3.1 模型的设定及估计 ………… 170
　11.3.2 物价预警综合指数的非线性特征分析 ………… 171
11.4 本章小结 ………… 174

第12章 物价预警视角下的货币政策非对称性效应分析 ………… 175
12.1 引言 ………… 175
12.2 LSTVAR 模型的线性检验和估计 ………… 176
　12.2.1 变量的选取 ………… 176

12.2.2 单位根检验……………………………………………………… 176
12.2.3 模型的线性检验及非线性模型设定…………………………… 177
12.2.4 LSTVAR 模型的估计…………………………………………… 178
12.3 物价预警视角下货币政策的非对称性效应分析……………………… 180
12.3.1 不同通胀预期状态下货币政策的产出效应…………………… 180
12.3.2 不同通胀预期状态下货币政策的价格效应…………………… 182
12.4 本章小结…………………………………………………………… 183

附录 宏观变量及处理方式………………………………………………… 185

参考文献………………………………………………………………………… 187

第 1 章

绪　论

1.1　问题的提出与研究意义

1.1.1　问题的提出

货币政策作为宏观经济政策的重要组成部分之一,关于货币政策对价格和产出的效应分析以及非对称性效应的分析显得尤为重要。

第一,货币政策的价格效应研究方面。已有文献主要是基于向量自回归(VAR)模型,对消费者价格指数(CPI)进行分析。本文注意到:一方面,基于 VAR 模型的货币政策的效应分析中,通常所构建的基准模型中所涵盖的信息量远小于货币当局所需要关注的信息量,因此在对现实情况进行研究时往往存在模型设定的误差。对此,Bernanke 等(2005)提出因子扩展的向量自回归(Factor Augment Vector Autoregressive,FAVAR)模型,即在 VAR 模型中引入大量宏观经济变量合成的因子,以此弥补了 VAR 模型的不足之处。

另一方面,核心通货膨胀是从货币政策的角度进行界定的,代表价格变动长期的、潜在的趋势。但是,已有核心通货膨胀的度量方法不管是统计的还是基于模型的,主要都是针对 CPI 进行分析的。虽然消费者价格指数反映了通货膨胀率的主要部分,但不是全部。所以为了得到核心通货膨胀率需要利用比 CPI 更多的价格信息。

因此,本文首先基于动态因子模型,从我国多个综合价格指数中得到核心通货膨胀率,这样得到的核心通货膨胀率将更接近其定义。接着,基于 logistic 平滑转换自回归(LSTAR)模型描述了核心通货膨胀率,对其非线性动态调整特征进行了分析。最后,利用动态因子模型从大量宏观经济变量中提取少数几个宏观共同因子,分别针对 CPI、核心通货膨胀率和 CPI 分类指数构建了包含货币政策工具和宏观共同因子的 FAVAR 模型,并运用脉冲响应函数刻画了货币政策对各个变量影响的动态特征。

第二,基于金融市场状况视角的货币政策效应分析。周小川(2011)指出次贷危机、欧债危机等一系列事件再度凸显了金融动荡对实体经济的严重冲击,灵活审慎的货币政策作为"宏观审慎政策框架"的重要组成部分,对其相关问题的研究显得尤为重要。Bernanke 和 Gertler(2001)指出虽然是否应该将资本市场的冲击作为研究货币政策传导机制的重要因素尚未达成一致,但是对未来物价和产出有重要影响的资产价格是值得货币当局关注的。因此,为了更好地挖掘资产价格所蕴含的未来经济走势信息,明晰货币政策在资产价格传导渠道上的顺畅程度,同时降低资产价格失调引发金融系统不稳定的风险。Goodhart 和 Hofmann(2001)最早编制了反映一国金融市场运行状况的金融状况指数(FCI)。近年来,我国金融市场得到了迅速的发展。所以,以股价、房价、汇率和短期利率等为代表的资产价格所构建的 FCI,可以作为我国央行制定货币政策时的重要参考指标。但已有我国相关文献中,FCI 的构建存在采用的计量方向相对比较单一、包含的金融变量较少和样本区间较短等不足。而且 FCI 对宏观经济变量预测能力的测度也缺少更加深入的分析。

本文尽可能多地选取金融变量,利用动态因子模型提取其共同因子,并利用这些因子基于 VAR 模型构建了我国 FCI。接着,从频域和时域两个角度测度我国 FCI 与宏观经济的关联性。然后,基于 LSTVAR 模型,分析金融市场对宏观经济变量的非对称性冲击。最后,利用 FCI 表征金融市场状况,分析不同金融状况下货币政策的非对称性效应。

第三,基于 LSTVAR 模型的我国货币政策的非对称性效应分析。STVAR 模型认为各种体制之间的转移是平滑变化的,或者逐渐变化的。而且在转移函数中重点是选择恰当的转移变量,这样,既可考虑货币政策对实际产出的影响,又可突出货币政策操作的特定环境。从而,在经济学研究中,STVAR 模型容易模拟经济现实和渐变性经济政策,这也使其成了两千年以来国外计量经济学前沿领域追踪的热点。在我国已有文献中转移变量的选取大多是根据统计理论,尝试用所有变量及其滞后变量分别作为转移变量,以非线性检验是否显著以及显著的程度为标准来确定转移变量,这样得到的转移变量缺少经济含义解释。鉴于货币政策的重要目标之一就是保持物价稳定,本文将基于动态因子模型生成的核心通货膨胀率(CIR)和物价预警综合指数(PMG)作为平滑转换函数的转换变量,利用 LSTVAR 模型,从不同的视角分析货币政策的非对称性效应。

1.1.2 研究意义

本文通过动态因子模型构建相关的金融类指数,并基于这些金融类指数研究货币政策的价格效应和非对称性效应等。主要的研究意义如下:

第一,首先,利用动态因子模型从比 CPI 更广泛的价格指数中提取其共同趋势作为核心通货膨胀率,这样得到的核心通货膨胀率更接近其定义。接着,基于 LSTAR 模型描述了核心通货膨胀率,并对其非线性动态调整特征进行了分析。这为政府部门准确判断及预测我国物价的变动趋势,进而为制定并调整相应的货币政策提供了科学依据。最后,鉴于 FAVAR 模型在 VAR 模型中引入大量宏观经济变量合成的因子增加系统信息的同时且不引起参数估计困难,所以基于 FAVAR 模型研究了货币政策对 CPI、核心通货膨胀率和 CPI 分类指标的冲击效应,使货币当局调控价格更具有效性和针对性。

第二,本文首先针对较多的金融变量,采用动态因子模型来测度我国的FCI,使FCI能更好地表征我国金融市场状况。接着,通过互谱分析和小波变换测度了FCI与宏观经济的关联性,得到金融市场与宏观经济在长周期和短周期上存在非一致性。从长期来看,金融变量对实体经济有着较强的预测能力,领先于宏观经济变量的变动。而短周期波动中,金融市场与宏观经济的影响关系存在易变性。因此,我国政府当局需要针对不同的周期来评价金融市场与宏观经济的相互影响关系,以便更好地应对金融市场对宏观经济的不利冲击。然后,基于LSTVAR模型分析金融市场对宏观经济的非对称性冲击。实证结果表明,在不同金融状况下,金融状况指数代表的金融市场对产出和价格的影响具有非对称性。在金融状况良好情形下,金融状况指数对产出具有正向冲击效应。而在金融状况恶化的情形下,金融状况指数对产出具有负向冲击效应。最后,基于不同金融状况分析货币政策的非对称性效应,得到金融状况良好情形下的扩张货币政策对增加产出短期有效而长期无效。而金融状况恶化情形下扩张的货币政策不引起价格的显著上涨。这为政府当局准确把握金融市场对宏观经济的冲击,以及在不同的金融市场状况下,有效实施货币政策提供了理论依据。

第三,鉴于物价预警综合指数能够更有效地监测物价的波动,本文首先针对相关指标利用动态因子模型生成物价预警综合指数,并对物价预警综合指数建立了马尔可夫体制转移自回归(MSAR)模型,探讨了我国物价预警综合指数波动的非线性特征。实证结果表明,把我国物价预警综合指数的波动划分为低通胀和高通胀两个状态,在整体拟合效果和对物价波动特征的解释能力方面都有显著提高。最后,将物价预警综合指数作为平滑转换函数的转换变量,利用LSTVAR模型分析货币政策的非对称性效应。得到货币政策的产出效应和价格效应较强地依赖于经济通胀预期的状态。所以政府在进行宏观调控时,需要根据物价预警综合指数和门限值的大小关系,确定当前经济是处于高通胀预期状态还是低通胀预期状态,这样才能制定出更加有效的货币政策。

1.2 文献综述

1.2.1 基于动态因子模型的指数构建

1.2.1.1 基于动态因子模型的景气指数构建

最早,Stock 和 Watson(1989)认为景气变动不能仅仅针对 GNP 的变动而言,应该把景气循环看作包含金融市场、劳动力市场和商品销售市场等在内的经济活动的循环。为了反映以上多个经济指标的共同变动,可以认为存在一个单一的、不可观测的基本变量来反映这些变量的共同变动。这个共同的、不可观测的变量代表了经济总的状态,它的波动才是真正的景气循环,也是判断先行、一致和滞后的"基准循环"。而这一共同的、不可观测的基本变量,被称为 Stock – Waston 型景气指数,简称为 S – W 景气指数。并认为在动态因子模型基础上提出的 S – W 景气指数,和以前的 CI、DI 等传统的景气循环测定方法相比有了根本性的改进。

在我国,陈磊和高铁梅(1994)结合我国的实际情况,选取了我国经济中的先行指标和一致指标,借鉴 Stock 和 Watson(1989)的动态因子模型,得到我国 S – W 型先行指标和一致指数。并认为采用动态因子模型所建立的我国新的宏观经济景气指数是切实可行的,特别是 S – W 型一致指数可以直观地、有效地反映出我国经济运行状态,并且可以更科学地预测经济发展趋势和主要经济变量。

董文泉等(1995)也利用因子模型构建了我国的 S – W 型景气指数,并与一致合成指数进行了比较,发现两者相关系数为 0.7,相关程度很高,只是在变动幅度上有些差别。

王金明等(2007)利用我国 1997 年 1 月到 2006 年 5 月的月度经济数据,探讨构建 S – W 型先行景气指数的可能性。实证结果表明,利用一致指标计算的 S-W 景气指数较好地反映了实际经济运行状况,与 NBER 一致合成指数相比,基于先行指标的 S-W 型先行景气指数不稳定和表现力差。但是基于预测的 S-W 型先行景气指数,则有较好的预警性质。

郭国锋和郑召锋(2010)认为我国当前一致指数和先行指数的联动性较弱,使得一致指数的应用价值有所降低。而且先行指数波动引起的一致指数波动是非对称的,导致了指数应用范围的局限性。产生的主要原因是由于两指数指标选取和指标权重赋予的不合理。为了更好地运用先行指数和一致指数反映宏观经济情况和预测经济趋势,指数编制部门应该改变现有的指数编制方法,调整指数指标和指标权重。

韩艾等(2010)认为传统的景气指数构建方法不能很好地刻画动态性和指标间的关系。而广义动态因子模型不仅反映经济系统的动态联系,而且可以在一个统一的框架下同时构建多个景气指数。进而构建了我国的金融周期景气指数,并分析了我国金融周期和重要宏观经济指标的动态关系。

1.2.1.2 基于动态因子模型的核心通货膨胀率构建

赵昕东和汤丹(2012)基于 CPI 的各个项目价格指数,利用动态因子模型得到了中国核心通货膨胀的估计。结果显示,所估计的核心通货膨胀反映了通货膨胀的趋势,能够很好地反映货币供给的变化,对未来 5—19 个月的 CPI 也有较好的预测能力。

肖强和司颖华(2013)基于多个价格综合指数,利用动态因子模型构建了核心通货膨胀率,并认为这样得到的核心通货膨胀率更接近其定义。

1.2.1.3 基于动态因子模型的金融状况指数构建

English 等(2005)检验了多个金融变量对宏观经济的预测能力,并基于因子分析的结果使用 S-W 方法编制了德国、英国和美国的金融状况指数(FCI)。Hatzius 等(2010)分析了金融状况与实体经济之间的联系,基于包括调查数据在内的更为广泛的金融状况变量,使用动态因子模型构建了美国的 FCI。Galvao 和 Owyang(2013)首先利用动态因子模型得到 FCI,然后利用 FCI、工业增加值增长率和标题 CPI 构成 STVAR 模型,分析了 FCI 对宏观经济的影响。Debuque - Gonzales 等(2013)基于因子模型构建了包含中国香港在内的部分亚洲国家和地区的 FCI。Angelopoulou 等(2014)基于主成分法构建了欧洲地区的 FCI,并基于 FCI 分析了货币政策的非对称性效应。

1.2.2 货币政策效应分析的文献评述

货币政策有效性是经济学研究中的重要内容,也是宏观经济预测和货币政策调节的重要参考依据。货币政策有效性即货币非中性是指货币政策能够系统的影响产出以及就业等真实经济变量。反之,则表明货币中性。在货币非中性的基础上,讨论货币政策在定量方面的效果大小问题,这就涉及货币政策有效性的问题。在过去的几十年中,关于货币政策有效性的研究也未得出明确的结论。

理论层面上,古典学派和理性预期学派认为货币政策在短期和长期内都是无效的。而凯恩斯理论和新古典综合学派认为货币政策是有效的。货币主义的代表人物 Friedman 和 Phillips 利用含预期的菲利普斯曲线证明了货币政策在短期内有效而长期内无效。

实证层面上,自从 Sims(1992)提出利用 VAR 模型分析货币政策冲击对宏观经济变量的影响以来,国内外学者利用 VAR 模型对货币政策做了大量实证研究。从国内来看,刘斌(2002)利用单方程和多方程的 VAR 模型进行实证分析发现长期内产出的变化与货币供应量的变化没有必然的关系,即货币政策在长期是中性的。而无论在短期还是在长期,货币供应量的变化对物价水平会产生影响。刘霖和靳云汇(2005)利用协整分析方法,基于 VAR 模型对货币供应、通货膨胀与经济增长的关系进行研究得到,从长期来看,货币供应扩张能够推动经济增长,同时在经济货币化进程中货币供应的扩张并不一定造成通货膨胀,通货膨胀阻碍经济发展。从短期来看,货币供给的增加促进经济增长,同时经济增长导致通货膨胀。

本文注意到,一方面,米什金(2005)给出了货币政策的传导机制(如图

1.1所示),不同的学者对货币政策影响产出和物价的途径有着不同的看法,实际上货币政策并非仅仅通过一条途径传导,货币政策往往是通过这些传导机制共同发挥作用的,因此股票价格、房地产价格、信贷数量、汇率、投资、现金流都会影响受到货币政策的影响,最终导致物价和总产出变化。

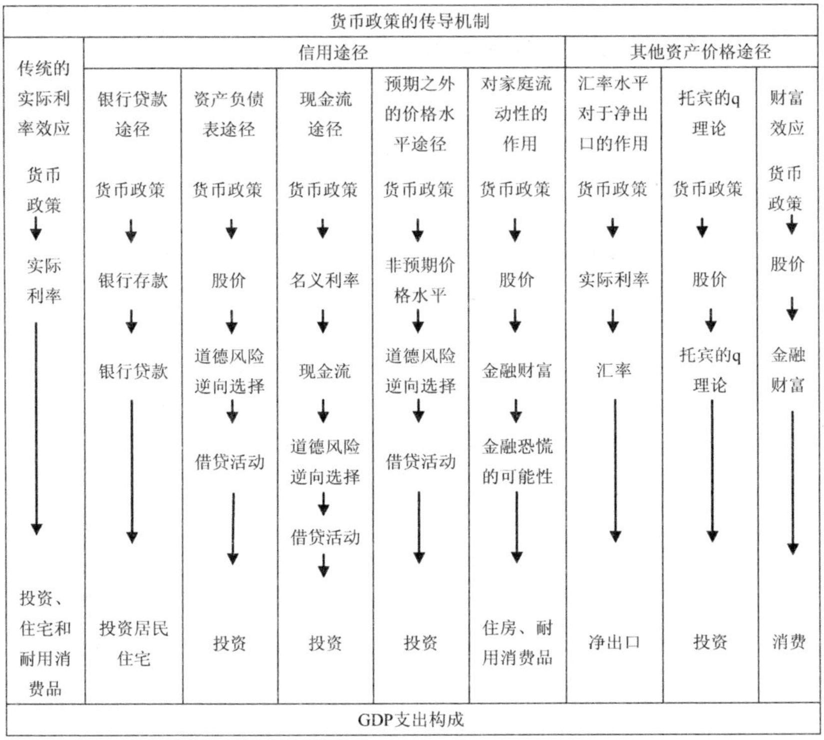

	货币政策的传导机制							
传统的实际利率效应	信用途径					其他资产价格途径		
	银行贷款途径	资产负债表途径	现金流途径	预期之外的价格水平途径	对家庭流动性的作用	汇率水平对于净出口的作用	托宾的q理论	财富效应
货币政策↓	货币政策↓	货币政策↓	货币政策↓	货币政策↓	货币政策↓	货币政策↓	货币政策↓	货币政策↓
实际利率	银行存款↓	股价↓	名义利率↓	非预期价格水平↓	股价↓	实际利率↓	股价↓	股价↓
	银行贷款↓	道德风险逆向选择↓	现金流↓	道德风险逆向选择↓	金融财富↓	汇率↓	托宾的q理论↓	金融财富↓
		借贷活动↓	道德风险逆向选择↓ 借贷活动↓	借贷活动↓	金融恐慌的可能性↓			
投资、住宅和耐用消费品	投资居民住宅	投资	投资	投资	住房、耐用消费品	净出口	投资	消费
GDP支出构成								

图1.1 货币政策传导机制

基于以上的经济理论分析,VAR 模型对货币政策有效性展开的研究会遇到以下几个问题:首先,学术研究所建立的基准模型中所涵盖的信息量远小于货币当局所需要关注的信息量,因此,在对现实情况进行研究时往往存在模型设定的误差;其次,VAR 模型中的一些经济变量,比如通货膨胀率,在现实中很难得到精确、统一的描述,通常只能利用 CPI 等变量来度量;第三,一般基于多变量 VAR 或者 SVAR 模型的脉冲响应函数中,只能考察 VAR 模型中所包含的变量,其他变量对货币政策冲击的脉冲相应无法获得,而人们可能需要了解更多的变量与货币政策冲击之间的联动关系。对此,Bernanke 等(2005)提出 FAVAR 模型,即在 VAR 模型中引入大量宏观经济变量合成的因子,FAVAR 模型在引入大量信息的同时不会造成参数估计的困难。

随后,王少平等(2012)基于经济理论和我国可获得的宏观经济数据,通过因子分析显示,我国宏观经济可以由货币政策因子和少数几个潜因子来刻画。并且将我国 CPI 分类指数分解为宏观同质成分与各自的特质成分,并基于 VAR 分析货币政策对价格指数的冲击效应。结果显示,宏观冲击和特质冲击都是 CPI 各类指数的重要波动源,但是宏观冲击的效应相对持久得多,因此货币政策需要重点关注宏观冲击的效应并盯住 CPI 各类指数对应的宏观成分。

肖强等(2014)首先通过货币政策的传导机制,论证了 FAVAR 模型可以弥补 VAR 模型在宏观经济变量选取方面的不足。接着,从选取的我国 35 个具有代表性的宏观变量中提取了 6 个共同因子。基于这些因子扩展的 VAR 模型,分析了我国货币政策的有效性。实证结果表明,FAVAR 模型与 VAR 模型相比,FAVAR 模型中产出变量和价格变量对货币政策冲击的效应能被更完整地反映出来。进一步,基于 FAVAR 模型分析得到我国货币政策的产业效应具有显著的非对称性。按照对货币政策冲击效应程度的大小依次为第一产业、第二产业和第三产业。

另一方面,已有我国货币政策对通货膨胀率影响的研究都是针对 CPI〔比如,赵进文和黄彦(2006)、石柱鲜等(2009)、张旭和文忠桥(2013)等〕。CPI 虽然是 CPI 分类指数经过加权平均后的总体价格水平,但 CPI 的变动主要受到食品类指数和居住类指数的影响,利用 CPI 变化不能很好地代表 CPI 各类指数的整体变化。因此,有必要选取反映价格变动长期的、潜在的指标即核心通货膨胀率来测度货币政策对价格的影响〔张延群(2011)、田新民和武晓婷(2012)]。而关于货币政策对 CPI 分类指数的研究却相对较少。张成思(2009)在研究中国 CPI 分类指数动态传导机制的基础上,得到了货币政策对 CPI 分类指数的影响存在明显差异。随后 Jalali – Naini 和 Hemati(2012)在丰富数据环境下,基于 FAVAR 模型研究了货币冲击对 CPI 各类指数的影响。

综上所述,已有关于我国货币政策对价格影响的研究主要是对 CPI 进行的,这使得货币政策对价格的影响分析缺少针对性。考虑到核心通货膨胀率代表价格变动长期的、潜在的趋势,CPI 各个分类指数的变动具有显著差异,并且 FAVAR 模型在引入大量信息的同时不会造成参数估计的困难。因此,本文首先利用动态因子模型得出核心通货膨胀率和宏观共同因子。然后,分别针对 CPI、核心通货膨胀率和 CPI 分类指数构建了包含货币政策工具和宏观共同因子的 FAVAR 模型。最后,运用脉冲响应函数刻画货币政策对各个变量影响的动态特征。

以下借鉴黄敏(2012)的分析思路,从货币政策的非对称性效应形成机理对已有文献进行综述。

1.2.3 货币政策非对称性效应形成机理的研究

对于货币政策非对称性效应的成因,国内外学者主要从主观预期和信心的非对称调整、利率期限结构差异、价格的非对称调整、准备金和资本金双重约束、信息不对称等方面进行分析。

1.2.3.1 主观预期和信心的非对称调整

古典经济学中假定经济人是完全理性的,而且所掌握的信息也是完全的。而现实中,受信息不对称等方面的因素影响,经济人很难以完全理性化的最大化原则进行决策和预测。从而,当货币当局通过实施货币政策等方式来进行宏观调控时,由于受到市场情绪等的影响,经济人的主观预期和信心的调整变得不确定,从而导致货币政策效果的非对称性。

Choi(1999)认为公众的通胀预期随经济所处阶段而变化,在经济繁荣阶段,公众预期央行不会实施刺激政策,他们不会调整通胀预期,这时央行的正向货币供给政策会对经济产生正向刺激。而在经济萧条阶段,公众预期央行会实施扩张性的货币政策,因此会上调通胀预期,从而央行的正向货币冲击对经济无法产生正向影响。因此,公众在经济繁荣阶段和经济衰退阶段对通胀预期不同,带来央行货币政策的非对称性效应。

Florio(2004)认为个人和企业对不同阶段经济周期的信心变化不同,导致货币政策的非对称性效应。当经济衰退时,悲观的情绪使得消费者不愿消费和企业不愿投资,导致扩张的货币政策效果不显著。而在经济繁荣时期,就算利率上升也不能阻止持有乐观情绪的公众消费和投资,这同样削弱了紧缩性货币政策的效果。经济繁荣时期的乐观情绪在强度上要小于经济衰退时期的悲观情绪,这就导致了货币政策非对称性效应的产生。

在我国,万解秋和徐涛(2001)从货币供给内生性的角度分析了我国货币政策非对称性效应的形成原因是,在不同时期的公众心理与预期变化,改变了货币乘数,影响了货币供给。从而使得我国扩张的和紧缩的货币政策存在非对称性效果。

1.2.3.2 利率期限结构差异

Florio(2004)指出利率期限结构差异也是形成货币政策非对称性效应的原因。因为社会总支出的调整依赖长期利率,而央行利用短期利率来实施货币政策时,只有当货币政策能够同时影响长期利率时,它才能对实体经济产生效应。因此,降低短期利率的扩张性货币政策,无法降低长期利率使产出增加。而提高短期利率的紧缩性货币政策,却能通过提高长期利率使产出减少,这样就产生了货币政策的非对称性效应。

1.2.3.3 非对称价格调整

新凯恩斯主义对货币政策非对称性效应的形成机理提出了价格粘性、菜单成本等微观解释。由于工资和价格向上调整容易,向下调整困难。因此,相同强度的正、负向货币冲击对价格的影响力度就不尽相同。与负向货币冲击相比,正向货币冲击对价格影响会更大,对产出的影响只能更小。

Mankiw 和 Romer(1991)指出价格粘性导致紧缩性货币政策对真实产出的影响力度显著大于扩张性货币政策。Ball 和 Mankiw(1994)认为当存在通胀趋势时,对企业意愿价格的正向冲击将引起比负向冲击时更大幅度的调整。因此,通胀率变得越高,相同规模的货币政策冲击会带来产出的更大损失。Florio(2004)也验证了新凯恩斯的观点,在粘性价格模型中,正向通胀趋势下,价格下降相较于价格上涨变得不可能,在负向冲击后,企业不大可能改变价格,由此货币冲击带来真实的产出效应。而正向冲击则更可能产生较大的价格效应和更小的产出效应。Castillo 和 Montoro(2008)基于动态随机一般均衡(DSGE)模型认为,供给曲线凸性和总需求非线性是形成货币政策非对称性效应的两类原因。

在我国,曹永琴(2010)认为非对称的价格传导渠道是我国货币政策非对称性效应的主要成因。面临货币政策冲击,企业将根据在菜单成本和扭曲成本两者中就低的原则来决定是调整价格还是调整产量。降价的菜单成本低于涨价成本,以及扭曲成本随着通货膨胀趋势呈现非线性变化,这两者共同导致价格粘性的非对称,并继而产生货币政策的非对称性效应。并且货币政策非对称性效应的程度,在不同通货膨胀率区间也存在差异,随着通货膨胀率的不断上升呈现出先减后增再减的蛇峰形趋势。

1.2.3.4 准备金和资本金双重约束

Bliss 和 Kaufinan(2002)指出银行需要在满足准备金要求的条件下,达到市场和管理方施加的资本金要求。因此在准备金和资本金双重约束下,由于商业银行增发贷款受到资本金约束,导致中央银行通过信贷渠道增加货币供给量的能力下降,使得货币政策产生了非对称性效应。

1.2.3.5 信息不对称

在信息不对称的情况下,商业银行面临逆向选择和道德风险,厂商的投融资行为受到融资约束和代理成本约束。

Bemanke 和 Gertler(1989)基于真实经济周期模型,认为信贷市场信息不完全导致企业外部融资的代理成本高于内部融资,产生外部融资升水。

由于代理成本在经济萧条时的上升幅度超过在经济扩张时的下降幅度,从而使资产负债表对企业投资的影响在经济下降时期比繁荣时期大。

在我国,胡海鸥和虞伟荣(2003)认为我国货币政策传导的主渠道是银行贷款渠道,但由于信贷市场信息的不对称,商业银行在经营业绩考核的压力下,风险防范意识增强,从而在中央银行实施扩张性货币政策时,吝于贷款,使中央银行政策意图落空。从而造成了扩张性货币政策效应不明显。

我国货币政策非对称性效应形成的其他机理。曹家和(2004)认为,由于我国宏观经济中大量存在银行惜贷和企业惜投等现象,央行增加的货币供给量被经济主体规避风险的反向选择所抵销。由此,货币供给量作为我国货币政策的中介目标,在货币扩张和货币紧缩的不同时期存在着非对称性。而且认为货币中介目标在经济过热时期对防止物价持续上涨非常有效,但在通货紧缩时期失效。

戴金平等(2008)通过在商业银行利润函数中加入监管当局的惩罚函数,从理论上发现监管当局以提高资本充足率为核心的监管行为强化了货币政策的非对称性效应。

1.2.4 货币政策非对称性效应的实证研究

自 Cover(1992)提出货币政策的非对称性效应概念,并研究了美国货币供给冲击的非对称性效应。从此开启了以实证方法为主要工具,对货币政策非对称性效应进行系统研究的阶段。这些实证研究,大多都支持货币政策存在非对称性效应的论点,主要区别集中在货币政策代理变量的选择和不同建模方法上。

1.2.4.1 关于货币政策代理变量的选择

由于各国在货币政策的操作工具、中介目标都是变化且多重的。因此,国外学者在检验货币政策非对称性效应时,在选择货币政策变量以识别政策冲击上存在很大差异。

第一,将货币供给量作为货币政策变量。Cover(1992)等学者分别采用

M1、M2 和 M3 作为货币政策变量,验证了美国货币政策对产出的非对称影响。Karras(1996)同样使用 M1,验证了欧洲各国货币政策对固定投资和消费的非对称冲击。

从我国货币政策的实践来看,1998 年以前货币政策调控是以控制信贷规模的方式进行。1998 年我国改革了货币政策调控方式,取消对商业银行信贷规模的直接控制,实行资产负债比例管理,宣布以货币供应量为唯一的中介目标,并于当年 5 月恢复公开市场操作,这些举措标志着我国货币调控由直接方式向间接方式的转变。货币供应量和利率都是货币政策的重要工具。但王晓芳和景长新(2006)得到货币供给量更适合作为我国的货币政策工具。再由我国的特殊性在于利率尚未完全市场化,利率并不能完全反映货币市场的供求状况,企业投资对利率不敏感而受信贷规模影响较大。且目前国内文献中估计的产出与利率弹性并不高。之所以可以用广义货币供给量,还因为广义货币供给量是货币政策的中介目标,政府通过调整货币政策工具,改变广义货币供给量,进而影响货币政策的最终目标,即产出和物价。所以,已有我国文献大多采用了货币供给量作为货币政策工具变量,本文也将选取货币供应量作为货币政策工具的代理变量。

第二,利率作为货币政策变量。Bemanke 和 Blinder(1992)、Bemanke 和 Gertler(1995)等大量学者以联邦基金利率衡量货币政策,验证出货币政策的非对称性效应。也有部分学者将长期利率减去短期利率的利差作为衡量货币政策意图的指示器,为避免 M1 的结构非稳定性,则使用 M1 除以联邦基金利率作为对货币政策的衡量等。

第三,构建专门指标来衡量货币政策冲击。Romer 等(1990)最早采用描述性方法来识别货币政策行为。他们对联邦公开市场操作委员会会议记录进行分析,并参考政策制定者对自己政策操作意图的阐述,确定了一系列的"罗默日期(Romer Date)",作为对美联储实施紧缩性货币政策的阶段划分。但这一指标仍无法完全避免主观性问题,也没有能清晰区分政策变化的内生成分和外生成分。

1.2.4.2 关于计量方法的选择

在建模方法的选择上,Cover(1992)提出的两步 OLS 方法是最早检验货币政策非对称性效应的标准方法。但随着门限模型、马尔可夫体制转移模型和平滑转换向量回归模型等新计量方法的引入,对货币政策非对称性效应的检验方法变得丰富起来。

第一,两步 OLS 方法。Cover(1992)使用两步 OLS 法来检验美国货币政策的非对称性效应。首先对货币供给方程的残差项进行处理,分离出正向货币冲击和负向货币冲击,然后分析不同方向货币冲击对产出的影响。Senda(2001)将两步法推广到对通货膨胀趋势与货币供给冲击之间非对称性效应的研究上,发现在 OECD 国家,当通货膨胀率高于某一上限时,货币政策的非对称性效应将会下降。

在我国,黄先开和邓述慧(2000)最早对货币政策非对称性效应进行实证研究,他们运用 Cover(1992)的两步 OLS 模型,利用部分推算的季度数据,实证检验了我国货币政策的非对称性效应。结果表明,货币供给 M1 的正负冲击并不存在非对称性,而 M2 的正负冲击则在一定程度上产生非对称性效应。

陆军和舒元(2002)同样采用两阶段 OLS 模型,不同的是他们采用了我国年度数据,得到与黄先开和邓述慧(2000)相反的结论。他们认为,未预期到的负向货币冲击对产出的抑制作用大于正向货币冲击对产出的促进作用,因此紧缩性货币政策效应要强于扩张性货币政策的效应。

陈建斌(2006)认为货币政策的非对称性主要是指货币政策效力在政策方向上的非对称性和在经济周期上的非对称性。基于两步法的检验结果是,发现我国扩张性的货币政策对产出没有影响,紧缩性的货币政策能够有效影响产出。而且紧缩性货币政策效力对时间因素非常敏感,只在短期内对产出具有显著的影响。经济周期因素对货币政策的产出效应没有影响,货币政策效力不存在经济周期上的非对称性。

第二,VAR 模型。Gertler 和 Gilchrist(1993)基于 VAR 模型分析得到,

在信贷市场不完全情形下,紧缩性货币政策对不同规模企业具有不同的影响。Agung(1998)使用标准半结构 VAR 模型,考察了印度尼西亚货币政策传导的银行贷款渠道,得到货币政策在贷款者和借款者两方面都存在非对称性。Choi(1999)运用门限 VAR 模型,发现在不同货币政策立场下,货币政策存在非对称性效应。

在我国,陈德伟等(2003)运用 VAR 模型预测方差分解法,得到我国货币冲击的紧缩效应要超过扩张效应,紧缩性货币政策能够有效地抑制经济的过快增长,但扩张性货币政策却无法有效地使经济摆脱困境。

第三,马尔可夫区制转移模型。马尔可夫区制转移(MSAR)模型由于可以使用全部可得样本数据,通过让数据说话的方式内生地确定结构变化的位置,不需要预先确定结构变化点,因此一经提出就在研究货币政策反应函数的非对称性方面展现了巨大优势。但运用 MSAR 模型,它所描述的货币政策反应函数,以一定的概率在不同机制之间进行转换,无法描述出更贴近现实的不同区制间的平滑转换。

Ravn 和 Sola(2004)对 Hamilton(1988)的 MSAR 模型进行修正,将货币供给冲击区分为各种正的冲击和负的冲击,认为在菜单成本条件下,不同大小的货币冲击是形成货币政策非对称性效应的原因。Garcia 和 Schaller(2002)对 MSAR 模型进行了扩展,并得到利率对产出的影响具有非对称性。

在我国,郭明星等(2005)使用具有马尔可夫区制转移的向量误差修正模型,得到货币供给增长率与产出增长率的影响关系依赖经济周期所处的状态,从而经济周期波动和货币政策效应具有一定程度的非对称性。

刘金全和郑挺国(2006)运用 MSAR 模型和冲击响应分析得到,我国货币政策的产出效应具有明显的非对称性,并且产出对货币冲击的反应存在着"低度反应"和"高度反应"区制。

郑挺国和刘金全(2010)基于区制转移形式的"泰勒规则"认为,我国货币政策规则具有明显的区制转移特征,不同区制反映了利率对通胀和实际产出的不同政策反应关系。并且结合我国货币政策操作的特点,可以将我国货币政策规则划分为"惰性"和"活性"两个区域。

第四,平滑转换回归(STR)模型。平滑转换回归(STAR)模型认为各种体制之间的转移是平滑变化的,或者逐渐变化的,而且在转移函数中重点是选择恰当的转移变量。这样,既可考虑货币政策对实际产出的影响,又可突出货币政策操作的特定环境。这正是STAR模型近年来广泛得到国际学术界关注,并成功应用于政府经济政策行为评价的原因之一。

Weise(1999)运用LSTVAR模型,得到发现货币政策的效应是依赖于经济的不同状态,大的和小的货币冲击效应存在差异,且当冲击很大时正向和负向货币冲击的效应存在明显非对称性。Sensier等(2002)采用STAR模型得到,在英国的不同周期阶段,利率对产出产生非对称影响。

在我国,最早赵进文等(2005)研究了我国货币政策操作效应的非对称性,认为紧缩性货币政策与扩张性货币政策在抑制经济过热和治理经济衰退的效应上存在极大的差异,并且不同国家和地区的货币政策运用效应及特点也有明显差别。进一步,得到我国货币政策操作在效应上表现出明显的非对称性,具有很强的非线性特征。而且通过检验判定了央行货币政策操作转移函数的类型,又基于网格点搜索法,测定了我国货币政策操作的政策拐点与转移函数的具体形式。

彭方平(2007)基于STR模型得到,在不同信贷状态下,货币政策效应存在差异性。在信贷紧缩状态时,货币供给冲击给产出变化带来同向的累积影响。而在信贷扩张状态,货币供给冲击给产出变化带来反相的累积影响。

刘金全等(2009)基于LSTVAR模型来描述和检验我国货币政策作用机制中是否存在非对称性效应。结果表明,我国实际产出和通货膨胀率对货币冲击的动态反应随着冲击方向、规模以及经济周期阶段的变化而改变,货币政策对实际产出和价格水平具有非对称性效应。

欧阳志刚和王世杰(2009)使用经济增长率和通货膨胀率作为我国货

币政策非线性阈值反应函数的转移变量,采用动态非线性最小二乘法(DNLS)对模型进行估计,检验结果表明我国货币政策对通货膨胀和产出都具有非对称性。他们还通过设计自助仿真实验,找出了我国货币政策对通胀率和经济增长的合理调节区间。

在以上研究的基础上,本文注意到,LSTAR 模型的重点是选择转移变量。关于非对称性的经济理论提供了许多可供选择的转移变量,Beaudry 等(1993)根据经济理论选择实际产出增长率作为转移变量。Thoma(1994)根据信贷配给模型中的非对称性给出货币变量也可能是合适的转移变量。项后军和于洋(2012)选择通货膨胀预期为转移变量研究了货币政策对资产价格影响的非对称性。而已有我国货币政策非对称性效应研究中,主要根据统计理论,尝试用所有变量及其滞后变量分别作为转移变量,以非线性检验是否显著和显著的程度为标准来确定谁是转移变量,这样得到的转移变量缺少了经济含义解释。

同时,鉴于货币政策的重要目标之一就是保持物价稳定(用通货膨胀率衡量),考虑到已有关于物价稳定的研究中,主要是利用 CPI 作为通货膨胀率的近似,而 CPI 虽然反映了通货膨胀率的主要部分但不是全部。一方面,核心通货膨胀率能反映物价长期的、潜在的变动,通常认为它是货币政策的重要观测指标。另一方面,李颖(2011)指出物价预警综合指数(PMG)是分析和判断我国物价波动的有效工具。所以有必要引入更有代表性的物价预警综合指数(PMG)来监测物价波动。但通常利用物价波动预警信号系统计算 PMG 的不足之处是包含了较多的主观因素[董文泉等(1998)]。

综上所述,本文将利用动态因子模型生成的核心通货膨胀率、金融状况指数和物价预警综合指数分别作为转移函数的转移变量,基于 LSTVAR 模型,从不同的角度分析我国货币政策的非对称性效应。

1.3 研究思路、结构安排和主要创新

1.3.1 研究思路

鉴于动态因子模型能利用少数几个共同因子反映大量相关变量的大部分信息，本文基于动态因子模型构建了核心通货膨胀率、金融状况指数和物价预警综合指数。并且针对它们展开了相关研究：

第一，对核心通货膨胀率的相关研究。一方面，鉴于 LSTAR 模型能反映经济变量基于区制转移的特征，本文基于 LSTAR 模型描述了核心通货膨胀率的非线性动态调整特征。另一方面，鉴于 FAVAR 模型在引入大量信息的同时不会造成参数估计的困难。本文基于 FAVAR 模型分析了货币政策对核心通货膨胀率、CPI 和 CPI 分类指数冲击效应的差异性。

第二，对金融状况指数的相关研究。一方面，分析 FCI 表征的金融市场和宏观经济的关系。首先，基于谱分析和小波变换测度了金融市场与宏观经济的关联性。随后，基于 LSTVAR 模型分析了金融市场对宏观经济冲击的非对称性效应。另一方面，利用 FCI 表征金融市场状况作为 LSTVAR 模型的转移变量，在不同金融状况下，分析了货币政策的非对称性效应。

第三，对物价预警指数的相关研究。首先，基于 MSAR 模型分析了我国物价预警综合指数的非线性动态调整特征。然后，利用物价预警综合指数反映通胀预期作为转换变量，基于 LSTVAR 模型，在不同的通胀预期状态下，分析我国货币政策的非对称性效应。

1.3.2 结构安排

本论文共分为12章，利用动态因子模型构建金融类指数（核心通货膨胀率、金融状况指数和物价预警综合指数），并且基于以上金融类指数对我

国货币政策的非对称性效应进行分析。具体的内容结构及它们的关联性如图 1.2 所示。

第 1 章首先提出了论文研究的问题，并对本论文的研究意义进行了阐述。然后，对动态因子模型的指数构建、货币政策的价格效应和非对称性效应研究文献进行了述评。最后，介绍了本文的研究思路、结构安排和可能的创新之处。

第 2 至第 6 章主要介绍了本文涉及到的当前计量经济学主流的分析方法。包括动态因子模型、体制转换的非线性模型、谱分析和小波分析等。

第 7 章首先利用动态因子模型构建了我国核心通货膨胀率。然后，基于 LSTAR 模型描述了核心通货膨胀率的非线性动态调整特征。最后，基于 FAVAR 模型分析了货币政策对核心通货膨胀率、CPI 和 CPI 分类指数冲击效应的差异性。

第 8 章利用核心通货膨胀反映物价的长期变动，作为平滑转换函数的转换变量，基于 LSTVAR 模型，在不同的通胀状态下，分析我国货币政策的非对称性效应。

第 9 章首先利用动态因子模型和 VAR 方法结合构建我国金融状况指数，接着，基于谱分析和小波变换测度了金融市场与宏观经济的关联性。最后，基于 LSTVAR 模型，分析了金融市场对宏观经济冲击的非对称性效应。

第 10 章利用 FCI 表征金融市场状况作为 LSTVAR 模型的转移变量，在不同金融状况下，分析了货币政策的非对称性效应。

第 11 章首先利用动态因子模型生成物价预警综合指数。接着，基于 MSAR 模型分析了我国物价预警综合指数的非线性动态调整特征。

第 12 章利用物价预警综合指数反映通胀预期作为平滑转换函数的转换变量，基于 LSTVAR 模型，在不同通胀预期状况下，分析我国货币政策的非对称性效应。

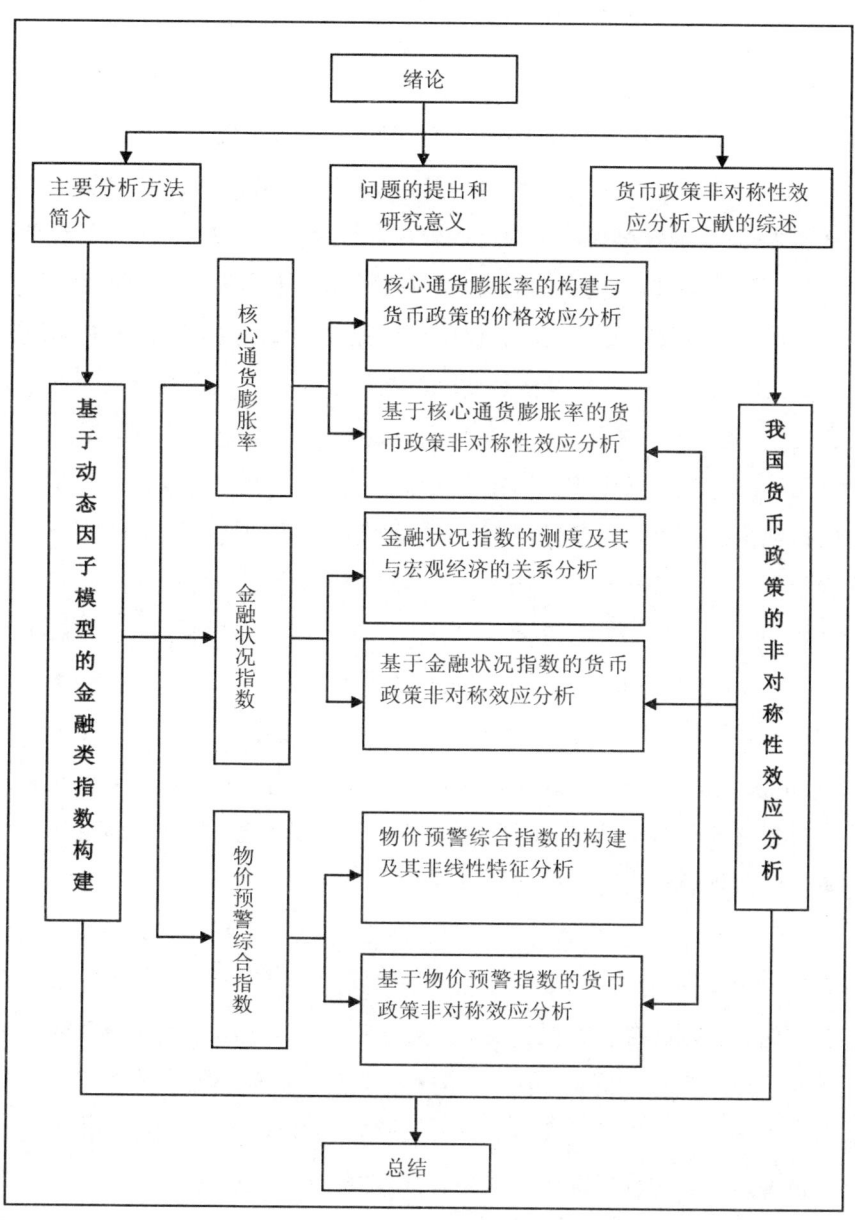

图1.2 结构框架

1.3.3 主要创新之处

本文主要的创新之处在于：一方面，鉴于动态因子模型能利用少数几个因子反映大量原始变量的大部分信息，本文基于动态因子模型构建了核心通货膨胀率、金融状况指数和物价预警综合指数。另一方面，鉴于平滑转换自回归(STAR)模型认为各种体制之间的转移是平滑变化的，而且在转移函数中重点是转移变量的选取，这样既可考虑货币政策的产出和价格效应，又可突出政策操作的特定经济环境。本文将上述三个金融类指数分别作为转移变量，从不同的视角分析了货币政策的非对称性效应。具体如下：

第一，在核心通货膨胀率的研究中。首先，已有文献主要针对CPI分类指数得到核心通货膨胀率，但CPI分类指数包含的价格信息不够充分。本文利用多个物价综合指数，基于动态因子模型构建了核心通货膨胀率。接着，鉴于FAVAR模型在包含大量信息的同时不引起参数估计的困难，本文基于FAVAR模型分析了货币政策对核心通货膨胀率、CPI和CPI分类指数影响的差异性。最后，利用核心通货膨胀率作为转移变量，基于LSTVAR模型，在由核心通货膨胀率确定的不同通胀状态下，得到货币政策对产出和价格具有显著的非对称性。高通胀状态下扩张的货币政策无效，而低通胀状态下扩张的货币政策更有效。

第二，在金融状况指数的研究中。首先，鉴于已有我国FCI的构建采用的方法比较单一，本文选取多个金融变量，利用动态因子模型和VAR模型结合构建了我国的金融状况指数。其次，鉴于已有我国金融市场和宏观经济的关联性的文献分析不够深入，本文基于谱分析和小波变换测度了我国金融市场和宏观经济的关联性。基于LSTVAR模型，分析了金融市场对宏观经济冲击的非对称性效应。最后，以金融状况指数表征金融市场状况，基于LSTVAR模型，在不同金融市场状况下，分析了货币政策的非对称性效应。结论表明，金融状况良好情形下，货币供给量对产出的冲击效应为正效应，而金融状况恶化情形下，货币供给量对产出的冲击效应为负效应。

第三,在物价预警综合指数的研究中。首先利用动态因子模型构建了物价预警综合指数。然后,利用物价预警综合指数作为通货膨胀预期的代理变量,基于LSTVAR模型,在不同通胀预期状态下,分析了我国货币政策的非对称性效应。结论表明,在不同通胀预期状态下,短期内,货币政策的产出效应具有非对称性。相比而言,低通胀状态下货币政策的产出效应为正且更显著。

第 2 章

动态因子模型

经济的周期波动是通过一系列经济变量的活动来传递和扩散的。任何一个经济变量本身的波动都不足以代表宏观经济的整体波动。为了反映宏观经济整体波动过程，从一国许多经济时间序列组成的面板数据中估计和解释驱动各变量波动的共同因子是判别和分析经济周期波动的有效工具之一。2011 年诺贝尔经济学奖获得者 Sargent 和 Sims(1977) 指出"工业产出增长率、失业率、就业率以及批发价格指数等美国的季节宏观经济变量变动的 80% 以上可以用两个动态因子来解释"。Geweke(1977) 采用动态因子模型提取合成指数研究了经济周期。另外，多元时间序列建模面临的一个重要问题就是如何减少待估参数的个数，即高维数据的降维问题。例如，对于向量自回归移动平均模型 VARMA(p,q)，当变量个数较多时，待估参数很多，无论从计算量，还是从计算准确度角度来说，都制约了 VARMA(p,q) 模型的应用。为此，Sargent 和 Sims(1977) 和 Geweke(1977) 提出了动态因子模型(DFMs)。因子分析的基本目的就是用少数几个因子去描述许多指标或因素之间的联系，即将相关程度比较高的几个变量归在同一类中，每一类变量就成为一个因子(之所以称其为因子，是因为它是不可观测的，即不是具体的变量)，以较少的几个因子反映原资料的大部分信息。

随后，动态因子模型在经济学、社会学、医学和生态学等领域得到了广泛的应用[在经济学方面的文献包括：Korobilis(2009)、Joslin 等(2009)、Forni 和 Gambetti(2010)、Barigozzi 等(2011)、Agostino 和 Giannone(2011)、

Das 等(2011)、朱满洲(2013)、杜海韬和邓翔(2013)等]。近来,对动态因子模型本身的研究和应用也有了长足的发展,Marcellino 等(2013)提出了一种混合频率动态因子模型,并利用贝叶斯方法进行估计。Koopman 等(2013)构建了平滑转移的动态因子模型并对美国的利率进行了预测等[Groen 和 Kapetanios(2013)、Breitung 和 Pigorsch(2013)、Andreou(2013)、Luciani(2013)和 Bajari 等(2013)等]。

2.1 动态因子模型的定义

动态因子模型不同于因子分析只是分析截面数据,是从大量时间序列中提取最重要的不可观测的因子。DFMs 假定几个不可观测(潜在)动态因子 f_t,它决定了时间序列变量 X_t 对应的高维矩阵的联动性(co-movements),同时还有零均值的异质性扰动 e_t,它反映测量误差和具体序列的个体性质。形式如下:

$$X_t = \lambda(L)f_t + e_t$$
$$f_t = \Psi(L)f_{t-1} + \eta_t$$

其中,$X_t = (X_{1,t}, X_{2,t}, \cdots, X_{N,t})$ 是 N 维时间序列向量,$t = 1, 2, \cdots, T$。这里假定变量是平稳的、零均值和单位方差;$f_t = (f_{1,t}, f_{2,t}, \cdots, f_{q,t})$ 是 q 维的不可观测的动态因子向量,通常 q 远小于 N。L 为滞后算子,滞后多项式矩阵 $\lambda(L) = [\lambda_1(L), \lambda_2(L), \cdots, \lambda_N(L)]$ 和 $\Psi(L) = [\Psi_1(L), \Psi_2(L), \cdots, \Psi_q(L)]$ 分别是 $N \times q$ 和 $q \times q$ 的,其中第 i 个滞后多项式 $\lambda_i(L)$ 称为第 i 个序列 $X_{i,t}$ 的动态因子载荷,$\lambda_i(L)f_t$ 称为第 i 个序列 $X_{i,t}$ 的共同成分。

经典的动态因子模型假定如下:

假定1 异质性扰动 e_t 与因子的新息(innovation) η_t 不相关,即

$$E(e_t \eta_{t-k}) = 0, k = 1, 2, \cdots, N;$$

假定2 异质性扰动之间不相关(包括序列不相关和截面不相关),即

$$E(e_{it}e_{js}) = 0, i \neq j; t, s = 1, 2, \cdots, N.$$

动态因子模型的研究主要包括:因子个数和滞后阶数的确定、因子的估计和应用三个方面。

第一,碎石图。Cattell(1966)介绍了直观判断法:碎石图。它是观测数据对应的样本协方差矩阵的递减特征根图。实践中,通常表现为在真实因子个数之后的特征根迅速变小,残片部分表示异质性扰动的影响。基于碎石图的具体验证见 Onatski(2009),其中也给出了关于大规模 DFMs 因子个数的各种假设检验。

第二,信息准则。Bai 和 Ng(2002,2007)提出的信息准则 IC 方法,利用几种信息准则将静态因子个数的识别问题转化为模型选择问题,适用于在变量个数 N 和时间维度 T 都很大的情况。Pan 和 Yao(2008)提出了白噪声空间扩展算法,此算法与其他方法最大的不同是对因子的定义,在其他因子模型中,因子的定义为至少对两个变量起作用的不可观测变量,这里只要求异质性扰动每一个元素至少对一个变量起作用。而 Pan 和 Yao(2008)将异质性扰动定义为白噪声,其他非白噪声过程均为因子。这里主要介绍 Bai 和 Ng(2002)所提出的信息准则 IC 方法,所用模型为:

$$X_t = \Lambda^0 F_t^0 + e_t$$

其中 $X_t = (X_{1,t}, X_{2,t}, \cdots, X_{N,t})'$ 为观测值向量,$\Lambda^0 = (\lambda_1^0, \lambda_2^0, \cdots, \lambda_N^0)'$,$F_t^0$,$\lambda_i^0$ 和 r 表示真实共同因子、因子载荷和真实因子的个数。

具体步骤如下:假定因子个数为已知的 $k = 1, \cdots, k\max$($k\max$ 为可能的因子最大个数,一般可设定为 8)。

第一步,估计因子 F^k 及因子载荷矩阵 Λ^k,

$$V(k) = \min_{\Lambda, F^k}(NT)^{-1} \sum_{i=1}^{N} \sum_{t=1}^{N} (X_i t - \lambda_i^k F_t^k)^2$$

当 $T < N$ 时,应用标准化 $F^{k'}F^k/T = I_k$,可得 F^k 的估计 $\tilde{F}^k$ 为 $\sqrt{T}$ 乘以 XX' 的前 k 个最大特征值所对应的特征向量所组成的矩阵,$\tilde{\Lambda}^k = \tilde{F}^{k'}X/T$。

当 $T > N$ 时,应用标准化 $\Lambda^{k'}\Lambda^k/N = I_k$,可得 Λ^k 的估计 $\tilde{\Lambda}^k$ 为 $\sqrt{N}$ 乘以

XX' 的前 k 个最大特征值所对应的特征向量所组成的矩阵，$\tilde{F}^k = X\tilde{\Lambda}^{k'}/N$。

第二步，应用信息准则选择适当的作为因子个数 r。

求出 k 个因子的残差平方和：

$$V(k, \tilde{F}^k) = \min_{\Lambda}(NT)^{-1}\sum_{i=1}^{N}\sum_{t=1}^{T}(X_{it} - \lambda_i^k \tilde{F}_t^k)^2$$

损失函数 $V(k, \tilde{F}^k) + kg(N,T)$ 可以用来决定 k 取何值，其中 $g(N,T)$ 是对过度拟合的惩罚函数。

考虑如下 6 个信息准则：

$$PC_{p1}(k) = V(k, \widetilde{F}^k) + k\widehat{\sigma}^2\left(\frac{N+T}{NT}\right)\ln\left(\frac{NT}{N+T}\right)$$

$$PC_{p2}(k) = V(k, \widetilde{F}^k) + k\widehat{\sigma}^2\left(\frac{N+T}{NT}\right)\ln C_{NT}^2$$

$$PC_{p3}(k) = V(k, \widetilde{F}^k) + k\widehat{\sigma}^2\left(\frac{\ln C_{NT}^2}{C_{NT}^2}\right)$$

$$IC_{p1}(k) = \ln(V(k, \widetilde{F}^k)) + k\left(\frac{N+T}{NT}\right)\ln\left(\frac{NT}{N+T}\right)$$

$$IC_{p2}(k) = \ln(V(k, \widetilde{F}^k)) + k\left(\frac{N+T}{NT}\right)\ln C_{NT}^2$$

$$IC_{p3}(k) = \ln(V(k, \widetilde{F}^k)) + k\left(\frac{\ln C_{NT}^2}{C_{NT}^2}\right)$$

其中 $\hat{\sigma}^2$ 为 $\frac{1}{NT}\sum_{i=1}^{N}\sum_{t=1}^{T}E(e_{it})^2$ 的一致估计，在实际应用中可用 $V(k\max, \tilde{F}^{\max})$ 代替，且 $C_{NT} = \min(\sqrt{N}, \sqrt{T})$。

选择使以上信息准则最小的 k 作为因子个数 r。

综上所述，Catell(1966)给出了直观判断法：碎石图，其缺少科学的准则。Bai 和 Ng(2002)提出的信息准则 IC 方法，利用几种信息准则将静态因子个数的识别问题化为模型选择问题，它适用于在变量个数 N 和时间维度 T 都比较大的情况。最近，Ahn 和 Horenstein(2013)给出了利用特征值比例法确定因子个数。相比而言，Jscobs 等(2008)提出的最小熵方法确定因子的个数 q 和滞后阶数 p，在变量比较少的动态因子模型应用中，此方法被认为是比较适合的。算法如下：

首先，将多元时间序列变量标准化，记为 x_t，并令

$$\hat{\Gamma}_i = \frac{1}{T-i}\sum_{t=1}^{T} x_t x'_{t-i}, \qquad i=0,1,\cdots,T$$

作为总体自协方差阵 Γ_i 的一致估计。

其次，利用谱分解，$\hat{\Gamma}_0 = C\Lambda^{\frac{1}{2}}(\Lambda^{\frac{1}{2}}C)' = \hat{\Gamma}_0^{\frac{1}{2}}(\hat{\Gamma}_0^{\frac{1}{2}})'$，得 $\hat{\Gamma}^{-\frac{1}{2}}0$。再利用奇异值分解

$$\hat{\Gamma}^{-\frac{1}{2}}\hat{\Gamma}i(\hat{\Gamma}^{-\frac{1}{2}}0)' = H_i S_i D_i$$

接着，检验 $H_{i,0}:\rho_{i,1} = \rho_{i,2} = \cdots = \rho_{i,N} = 0, i=1,2,\cdots,T$

其中，$\{\rho_{i,j}\}_{j=1,2,\cdots,N}$ 为总体自协方差阵 Γ_i 对应的奇异值分解所得的特征值。

采用 Bartlett 检验统计量

$$\chi_i^2 = -[T - \frac{1}{2}(2N+1)]\sum_{j=k+1}^{N} \ln(1-s_{i,j}^2)$$

在 $H_{i,0}$ 为真时，$\chi_i^2 \sim \chi^2((N-k)^2)$。

因子个数和滞后阶数确定的原则。给定显著性水平 α，如果存在第 $p+i(i>0)$ 个检验 $H_{p+i,0}$ 被接受，而 p 第个检验 $H_{p,0}$ 被拒绝，则滞后阶数为 p。进一步，如果第 p 个检验 $H'_{p,0}:\rho_{p,q+1} = \rho_{p,q+2} = \cdots = \rho_{p,N} = 0$ 的部分检验被接受，则因子个数为 q。

2.2 因子的估计

最初的工作是 Geweke(1977) 和 Sargent 和 Sims(1977) 利用频域分析方法寻找动态因子结构的依据和估计重要的因子。但这些方法不能直接得到因子 f_t 的估计值，也就不能用于预测。所以随后关于动态因子模型的研究主要集中于可以直接得到 f_t 的估计值的时域分析方法。主要可以分为以下

几种方式:第一种是针对低维(N较小)的DFMs,将其写成线性状态空间模型,通过卡尔曼滤波,利用Gaussian MLE,也可采用EM算法(参数的个数与变量的个数N有关,对N很大的问题不易处理)。第二种是对高维数据(N较大)利用非参数均值法(主成分估计,动态主成分估计)。第三种将状态空间模型的统计有效性和主成分的稳健性结合。第四种对DFMs的未知参数和因子的估计采用基于MCMC的贝叶斯方法。以下具体来看各种估计方法。

第一,针对变量比较少的动态因子模型,通过卡尔曼滤波的极大似然估计和EM算法。首先将DFMs改写成线性状态空间模型。如:

$$X_t = \lambda(L)f_t + e_t \tag{2.1}$$

$$f_t = \Psi(L)f_{t-1} + \eta_t \tag{2.2}$$

这里(2.1)称为量测方程(measurement equation),(2.2)称为状态(系统)方程(state equation)。假定e_t和η_t独立且服从正态分布,对应协方差阵分别为Q和R。

卡尔曼滤波的基本思想是:以最小均方误差为最佳估计准则,采用信号与噪声的状态空间模型,利用前一时刻的估计值和当前时刻的观测值来更新对状态变量的估计,求出当前时刻的估计值。算法根据建立的系统方程和量测方程对需要处理的信号做出满足最小均方误差的估计。从建立的系统数学模型出发,可以导出卡尔曼滤波的计算模型,包括:时间更新方程和测量更新方程。为了便于描述,做以下记号:(1) $\widehat{f}_k^- \in R^n$,表示第步之前的状态已知的情况下第步的先验状态估计值(- 代表先验,^代表估计);(2) $\widehat{f}_k \in R^n$,表示测量变量X_k已知情况下第k步的后验状态估计值。由此定义先验估计误差和后验估计误差为:

$$e_k^- = f_k - \widehat{f}_k^-, \quad e_k = f_k - \widehat{f}_k$$

先验估计误差和后验估计误差对应的协方差矩阵分别为:

$$P_k^- = E(e_k^- e_k^{-T}), \quad P_k = E(e_k e_k^T)$$

下式构造卡尔曼滤波器的表达式:此处假定相关参数 $\lambda(L)$、$\psi(L)$、Q 和 R 是已知的,随后会给出如何由数据估计这些参数。先验估计 $\widehat{f}_k^-$,测量变量 X_k 减去 $\lambda(L)\widehat{f}_k^-$ 的加权线性组合构成了后验状态估计 $\widehat{f}_k$:

$$\widehat{f}_k = \widehat{f}_k^- + K_k(X_k - \lambda(L)\widehat{f}_k^-)$$

式中测量变量与其预测值之差 $(X_k - \lambda(L)\widehat{f}_k^-)$ 反映了预测值和实际值之间的不一致程度,称为测量过程的残余。矩阵 K 叫作残余的增益,作用是使上式中的后验估计误差协方差最小。K 的一种形式为:

$$K_k = P_k^- \Psi(L)^T (\Psi(L) P_k^- \Psi(L)^T + R)^{-1}$$

卡尔曼滤波器包括两个主要过程:预估与校正。预估过程主要是利用时间更新方程建立对当前状态的先验估计,及时向前推算当前状态变量和误差协方差估计的值,以便为下一个时间状态构造先验估计值;校正过程负责反馈,利用测量更新方程在预估过程的先验估计值及当前测量变量的基础上建立起对当前状态的改进的后验估计。这样的一个过程,我们称之为预估—校正过程,对应的这种估计算法称为预估—校正算法。以下给出离散卡尔曼滤波的时间更新方程和状态更新方程。

时间更新方程:

$$\widehat{f}_{k+1}^- = \Psi(L)\widehat{f}_k^-$$

$$P_{k+1}^- = \Psi(L) P_k \Psi(L)^T + Q$$

状态更新方程:

$$K_k = P_k^- \Psi(L)^T (\Psi(L) P_k^- \Psi(L)^T + R)^{-1}$$

$$\widehat{f}_k = \widehat{f}_k^- + K_k(X_k - \lambda(L)\widehat{f}_k^-)$$

$$P_k = (I - K_k \Psi(L)) P_k^-$$

如果赋予第 k 期的先验值 $\widehat{f}_k^-$,则可得到 f_k 卡尔曼滤波的值。类似地,可以得到因子和估计误差的卡尔曼滤波值 $\{\widehat{f}_1,\widehat{f}_2,\cdots,\widehat{f}_{t-1}\}$ 和 $\{P_1,P_2,\cdots,P_{t-1}\}$。并且

$$x_t\mid \widehat{x}_1,\widehat{x}_2,\cdots,\widehat{x}_{t-1}\sim N(\lambda(L)\widehat{f}_t,P_t+Q)$$

写出完全信息的似然函数,将迭代得到的序列 $\{\widehat{f}_t,P_t\}$ 用于似然函数,进而利用极大似然估计的数值方法可求得模型参数的估计值。

状态空间模型的优点是可以处理不规则数据。也可以用 EM 算法计算未知参数的估计值。Zuur 等(2003)给出了含有解释变量的动态因子模型的卡尔曼滤波和平滑,及 EM 算法。具体如下,假定含有解释变量的动态因子模型:

$$y_t = \Gamma\alpha_t + DX_t + \varepsilon_t$$

$$\alpha_t = \alpha_{t-1} + \eta_t$$

其中,$\varepsilon_t \sim N(0,H)$,$\eta_t \sim N(0,Q)$,$\alpha_0 \sim N(a_0,V_0)$。

设 $A=\sum_{t=2}^{T}\alpha_{t-1|T}\alpha_{t-1|T}^{'}+V_{t-1|T}$,$B=\sum_{t=2}^{T}\alpha_{t|T}\alpha_{t-1|T}^{'}+V_{t,t-1|T}$,

$C=\sum_{t=2}^{T}\alpha_{t-1|T}\alpha_{t-1|T}^{'}+V_{t|T}$,$\alpha_0=\alpha_{0|T}$,$V_0=V_{0|T}$。

$$Q=T^{-1}(C-2B+A)$$

$$H=T^{-1}\sum_{t=1}^{T}[(y_t-\Gamma\alpha_{t|t-1}-DX_t)(y_t-\Gamma\alpha_{t|t-1}-DX_t)^{'}+\Gamma V_{t|T}\Gamma^{'}]$$

$$D=\sum_{t=1}^{T}(y_tX_t^{'}-\Gamma\alpha_{t|T}X_t^{'})\sum_{t=1}^{T}(X_tX_t^{'})^{-1},\quad \Gamma=E_2E_1^{-1}$$

其中 $E_1=C$,$E_2=\sum_{t=2}^{T}(y_t\alpha_{t|T}^{'}-DX_t\alpha_{t|T}^{'}-\mu\alpha_{t|T}^{'})$,$\mu=T^{-1}\sum_{t=1}^{T}(y_t-\Gamma\alpha_{t|T}-DX_t)$。

卡尔曼滤波算法如下:

初值:$\alpha_{0|0}$ 和 $V_{0|0}$

重复预测和修正的步骤,$t = 1, 2, \cdots, T$

预测的步骤:$\alpha_{t|t-1} = \alpha_{t-1|t-1}$

$$V_{t|t-1} = V_{t-1|t-1} + Q$$

修正的步骤:$K_t = V_{t|t-1} \Gamma' (\Gamma V_{t|t-1} \Gamma' + H)^{-1}$

$$\alpha_{t|t} = \alpha_{t|t-1} + K_t(y_t - \Gamma' \alpha_{t|t-1} - DX_t)$$

$$V_{t|t} = V_{t|t-1} - K_t \Gamma V_{t|t-1}$$

卡尔曼平滑算法如下:

初始值:$V_{T,T-1|t} = (I - K_t \Gamma) V_{T-1|T-1}$

重复平滑过程,$t = T, T-1, \cdots, 2$

平滑过程:$\alpha_{t-1|T} = \alpha_{t-1|t-1} + B_{t-1}(\alpha_{t|T} - \alpha_{t|t-1})$

$$V_{t-1|T} = V_{t-1|t-1} + B_{t-1}(V_{t|T} - V_{t|t-1}) B'_{t-1}$$

$$V_{t,t-1|T} = V_{t-1|t-1} B'_{t-2} + B_{t-1}(V_{t,t-1|T} - V_{t-1|t-1}) B'_{t-2}$$

其中,$B_{t-1} = V_{t-1|t-1} V_{t|t-1}^{-1}$。

EM 算法如下:

对不完全信息的 $y_1, y_2, \cdots, y_T$ 的对数似然函数:

$$\log G = C - \tfrac{1}{2} \sum_{t=1}^{T} \log |\Gamma V_{t|t-1} \Gamma' + H|$$

$$= \tfrac{1}{2} \sum_{t=1}^{T} (y_t - \Gamma \alpha_{t|t-1} - DX_t)' F_t^{-1} (y_t - \Gamma \alpha_{t|t-1} - DX_t)$$

其中,C 为常数,$F_t = \Gamma V_{t|t-1} \Gamma' + H$,容易由卡尔曼滤波得到的 $\alpha_{t|t-1}$ 和 $V_{t|t-1}$ 计算。

(1)选择初始变量:H, Γ, α_0, D 和 V_0(对角线上均为5),记为 $H^0, \Gamma^0, \alpha_0^0, D^0$;

(2)对 $p = 0, 1, 2, \cdots$

第 p 步,利用卡尔曼滤波估计 $\alpha_{t|T}^{(p)}$ 和 $V_{t|T}^{(p)}$,令 $\bar{a}$ 为 $\alpha_{t|T}^{(p)}$ 的均

值，$\alpha_{t|T}^{(p)} \triangleq \alpha_{t|T}^{(p)} - \bar{a}$；

第 $p+1$ 步，更新参数 H, Γ, α_0 和 D，记为 $H^{(p+1)}, \Gamma^{(p+1)}, \alpha_0^{(p+1)}$ 和 $D^{(p+1)}$。当 $\log G < 0.000001$ 时停止循环。

（3）将最后所得到的参数值作为相关参数的估计值。

第二，对变量较多的因子模型，利用非参数均值方法。针对静态因子模型：

$$X_t = \Lambda F_t + e_t$$

Chamberlain 和 Rothschild(1984)假定了条件：

$$N^{-1}\Lambda'\Lambda \to D_\Lambda, N \to \infty$$

（D_Λ 为满秩矩阵，保证了因子的遍历性和因子载荷的异质性）

$$\max eval(\Sigma_e) \leq c < \infty, \text{ for all } N$$

（其中 max eval 表示特征值的最大值，保证异质性扰动之间有限相关）

考察典型均值方法的原理。认为 F_t 的估计值利用非随机矩阵 W 对 X_t 的加权平均得到，这里 W 是已标准化的，使得 $W'W/N = I_r$：

$$\widehat{F}_t(N^{-1}W) = N^{-1}W'X_t$$

当 $N \to \infty$ 时，$N^{-1}W'\Lambda \to H$，其中 H 是满秩矩阵。如果满足以上假定条件，则 $\widehat{F}_t(N^{-1}W)$ 在 F_t 所张成的空间中是一致的。

第三，对变量较多的因子模型，也可以利用主成分估计。F_t 的主成分估计为：

$$\widehat{F}_t(N^{-1}W) = N^{-1}W'X_t$$

其中 $W = \hat{\Lambda}$，这里 $\hat{\Lambda}$ 是由 X_t 样本协方差矩阵 $\hat{\Sigma}_X = T^{-1}\sum_{t=1}^{T}X_tX_t'$ 的 r 个最大特征值对应的特征向量组成。

主成分的估计可以通过求下面的最小二乘问题得到：

$$\min_{F_1, F_2, \cdots, F_T, \Lambda} V_r(\Lambda, F) = \frac{1}{NT}\sum_{t=1}^{T}(X_t - \Lambda F)'(X_t - \Lambda F)$$

满足标准化 $\Lambda'\Lambda/N = I_r$。给定 Λ,最小化上式得到

$$\widehat{F}_t(\Lambda(\Lambda'\Lambda)^{-1}) = (\Lambda'\Lambda)^{-1}\Lambda'X_t$$

这时上式为

$$\min_\Lambda \frac{1}{T}\sum_{t=1}^T X_t'(I_t - \Lambda(\Lambda'\Lambda)^{-1}\Lambda)X_t,$$

等价于

$$\max_\Lambda tr\{(\Lambda'\Lambda)^{-1/2'}\Lambda'(\frac{1}{T}\sum_{t=1}^T X_t'X_t)\Lambda(\Lambda'\Lambda)^{-1/2}\},$$

也等价于满足 $\Lambda'\Lambda/N = I_r$ 的条件下,求 $\max_\Lambda \Lambda'\sum XX\Lambda$。可得 $\hat{\Lambda}$ 由 $\sum XX$ 最大的 r 个特征值对应的特征向量组成。因为 $\hat{\Lambda}'\hat{\Lambda}/N = I_r$,可得

$$\widehat{F}_t = \widehat{F}_t(N^{-1}\widehat{\Lambda}) = N^{-1}\widehat{\Lambda}'X_t。$$

第四,Bayes 估计。采用 Bayes 方法估计 DFMs 主要有三个动机:第一,当未知参数很多时,积分计算后验值要比极大似然容易和稳定;第二,在非线性或非 Gaussian 潜变量模型时,利用 MCMC 方法可以计算后验潜变量模型,但似然不能直接计算;第三,某些分析可以期望提供模型的先验分布的形式。Bayes 估计基于 MCMC 法估计参数和因子。Chib(1996)奠定了 Gibbs 抽样应用于线性状态空间模型的基础。

2.3 动态因子模型的应用

动态因子模型的应用主要包括如下几个方面:

第一,基于动态因子模型构建指数。最早,Stock 和 Watson(1989)在动态因子模型基础上提出了 S-W 景气指数。在我国陈磊和高铁梅(1994)得到我国 S-W 型景气指数。王金明等(2007)构建了 S-W 型先行景气指数。赵昕东和汤丹(2012)基于 CPI 分项目价格指数利用动态因子模型得

到了我国核心通货膨胀的估计。肖强和司颖华(2013)基于多个价格综合指数构建了核心通货膨胀率。Galvao 和 Owyang(2013)利用动态因子模型构建了金融状况指数等。

第二，Bernanke 等(2005)提出 FAVAR 模型，随后出现了大量的相关研究。

第三，Boivin 等(2006)提出通过引入动态因子去克服动态随机一般均衡(DSGE)参数估计困难的问题。当前，由于受可得观测数据个数的限制，DSGE 模型中的参数不可能全部通过估计得到，部分结构参数需要校准得到。因此，无论是极大似然估计还是贝叶斯估计都结合了部分参数采用校准的方法来估计 DSGE 模型。Boivin(2006)指出，DSGE 中存在如下问题：比如经济理论中的变量通货膨胀，现实中可以用 GDP 平减指数、CPI 或 PCE(个人消费支出)平减指数等来衡量。如果只选取其中一个去衡量通货膨胀总是不完全的，应该用他们的共同因子去衡量。于是提出增加额外信息去克服 DSGE 参数估计困难的问题。

第四，Bai 和 Ng(2010)将因子的估计值作为工具变量等。

2.4 FAVAR 模型

从 Sims(1980)提出 VAR 模型开始，Sims 等(1990)揭示了非平稳时间序列 VAR 模型如何进行估计和推断。VAR 模型的识别方法包括 Sims(1992)使用的递归方法，Blanchard 和 Quah(1990)提出的长期识别等。Sims(1992)创立的脉冲响应分析是 VAR 方法的一个核心部分，与之密切相关的还有方差分解。目前，VAR 模型的应用包括货币政策和财政政策的影响等。基于 VAR 模型并通过长期约束对技术冲击进行识别的方法已成为近期经济周期实证分析中的重要子领域。

同时，非线性的结构 VAR 模型的研究已经比较广泛。Chung – Nang 和

Huang(2005)利用多变量门限 VAR 模型分析了中国台湾海峡的国防支出和经济增长的关系。刘金全等(2009)利用 LSTVAR 模型来描述和检验我国货币政策作用机制中是否存在非对称性效应等。这对我们研究非线性 VAR 模型具有很好的借鉴意义。

但正如 Stock 和 Watson(2001)评价的：像三变量系统这样的小型 VAR 已成为判别新预测模型的基准。但小型 VAR 模型可能不稳定，不能对未来变量进行稳定预测。故而高级 VAR 预测技术倾向于包含三个以上变量，但需要估计的参数迅速增加，这会出现估计结果不可靠等问题。这也为 FAVAR 模型的出现提供了契机。

自 Bernanke 等(2005)提出 FAVAR 模型以来，出现了大量的应用研究成果。Ahmadi 和 Uhlig(2009)利用贝叶斯方法分析了货币政策的波动。Amir 等(2009)分析了经济衰退时期的货币政策。Vasishtha 和 Maier(2011)分析了经济的波动周期，Lombardi 等(2011)分析了大宗商品价格的波动。

在我国，王胜和陈继勇(2010)分析了中美经济关系、汇率制度和中国汇率政策，发现中美两国经济关系呈现出高度的协同性。丁志国等(2012)分析了美国货币政策对中国价格体系的直接影响和间接传导机理。结果表明，美国紧缩的货币政策是短期中国价格下降的动力等。He Q 等(2013)基于 FAVAR 模型分析了我国货币政策的有效性，得到代表以市场为基础的回购利率、贷款基准利率等几乎没有对中国经济产生影响。而中国人民银行的非市场化措施，比如提高利率和增加货币供应量，能有效地影响实体经济和物价水平。即认为当前央行的非市场化措施相对以市场为基础的措施而言更有效。肖强(2014)基于 FAVAR 模型分析了货币政策的价格效应异质性和资产价格调整的货币政策工具选择等。

近来也有文献扩展了 FAVAR 模型的应用，并引入了时变的 FAVAR 模型等[Vasishtha 和 Maier(2013)、Kamber 等(2013)、Kaabia 和 Abid(2013)、Kazi(2013)、Boivin 等(2013)和 Soares(2013)等]。

令 Y_t 为 $M \times 1$ 维可观测的经济向量，而 F_t 为 $K \times 1$ 维表示经济活动中

没有被 Y_t 所包括的那部分不可观测的因子(它捕捉了不可观测的潜在的产出或价格压力或信贷条件等)。假定(F'_t, Y'_t)可表示为如下的一个 VAR 模型：

$$\begin{bmatrix} F_t \\ Y_t \end{bmatrix} = \Phi(L) \begin{bmatrix} F_{t-1} \\ Y_{t-1} \end{bmatrix} + v_t \qquad (2.3)$$

其中，$\Phi(L)$是一个有限阶的滞后多项式矩阵，v_t是均值为 0 协方差为 Q 的残差向量。因为 F_t 是不可观测的，我们无法得到实际的数据进入该模型，故在对这个模型进行分析前，还需要一个如何得到 F_t 的方程。假定 X_t 为可观测的多种经济时间序列，它由未知因子 F_t 和可观测变量 Y_t 决定，且关系如下：

$$X_t = \Lambda^f F_t + \Lambda^y Y_t + e_t \qquad (2.4)$$

这里 Λ^f 是因子载荷矩阵，e_t 假定是正态和序列不相关的。如果(2.4)式不含可观测变量 Y_t，被称为动态因子模型。实际上，为了脉冲响应分析，可观测变量 Y_t 是从不可观测成分 $\Lambda^f_{F_t}$ 中提取出来的。(2.3)和(2.4)就构成了因子扩展的向量自回归(FAVAR)模型。

从因子 F_t 中分离可观测变量 Y_t。因为从 X_t 中提出的主成分 F_t 不可避免地含有 Y_t 的成分，直接让 F_t 和 Y_t 都进入 VAR 模型，会由于 F_t 和 Y_t 的共线性降低模型的有效性。Bernanke 等(2005)利用将变量分为慢动变量和速动变量的方法从 F_t 中分离掉 Y_t 成分的办法，但慢动和速动变量的界定比较模糊。Boivin 等(2009)提出了另外一种迭代办法，该方法避免了对慢动和速动变量的分类，其步骤如下：

第一步，从 X_t 中抽取前面 K 个主成分，将其作为迭代的初值，记为 $F_t^{(0)}$；

第二步，将 X_t 对 $F_t^{(0)}$ 和 Y_t 进行回归，从而获得 Y_t 的回归系数，可以记为 $\hat{\lambda}^{(0)}$；

第三步，计算 $X_t^{(0)} = X_t - \hat{\lambda}^{(0)} Y_t$；

第四步,从 $X_t^{(0)}$ 中提取前面 K 个主成分 $F_t^{(1)}$,如果到达设定精度,则结束。否则,返回第二步;

这样得到的因子不再含有 Y_t 的成分,将 F_t 和 Y_t 都进入 VAR 模型得到 FAVAR 模型。到此,我们按照标准的 VAR 的计算程序可以得到 FAVAR 模型的估计。关于脉冲响应的实现,对(2.3)式中 Y_t 的某单变量一个脉冲,则可得到 Y_t 和 F_t 的响应函数,如果要得到 X_t 的响应函数需要借助(1.4)式。

第3章

体制转换的非线性模型

在20世纪80年代后期,人们发现一些特殊类型的非线性模型能够较好地反映经济结构的变化。由于经济现象中的体制转换通常表现在时间空间和状态空间两个方面,时间域上体制变化的模型为结构突变时间序列的模型。反映状态空间体制转换的模型称为体制转换的非线性时间序列模型。并且,按照体制转换行为(Switching regime behavior)的不同方式,经济领域常用的体制转换的非线性模型包括门限回归模型(Threshold regressive model,TR)、马尔可夫体制转换回归模型(Markov switching regime regressive model,MSR)和平滑转换回归模型(Smooth transition regressive model,STR)三种类型。

门限回归模型允许反映体制的门限变量是内生的,并且门限变量是可观测的。但是,区分不同体制的门限值是不可直接观测的,不同体制间的转换是瞬时的。可以利用TAR模型推断通货膨胀率对于经济增长是否存在正效应(托宾效应,Tobin's effect)、股票波动是否对新息冲击存在非对称性(杠杆效应),尤其是对于利好和利空新息的反应是否存在杠杆效应。关于门限(TAR)模型的研究,Hansen(1999)给出了门限动态面板模型的估计、检验和推断。Hansen(2003)研究了样本拆分和阈值估计。刘金全和郑挺国(2008)基于门限自回归模型分析了我国经济周期阶段性划分与经济增长走势。Nakajima(2012)提出了潜在门限模型并应用于动态因子模型等。

3.1 马尔可夫体制转移自回归模型

马尔可夫体制转换自回归(MSAR)模型假定体制转换由外生的不可观测的马尔可夫链(Markov Chain)决定,没有对体制变化发生的原因以及这些变化的时间做出解释。事实上,一国的经济状态依赖于它的地缘因素、政治制度和文化背景等基本面的信息,难以选择一个变量能够较好地衡量其经济状态的变迁。基于 MSAR 模型可以分析经济变量在"经济扩张和收缩"、"汇率升值和贬值"以及"是否发生危机"等两种状态下的动态行为,并讨论在两种状态下经济活动所具有的差异性。

最早,Hamilton(1989)提出了马尔可夫体制转移模型,Hamilton(2005)系统地归纳总结了 MSR 模型的研究。刘金全和郑挺国(2006)基于 MSAR 模型分析了我国货币政策冲击对实际产出周期波动的非对称影响。刘金全和李庆华(2009)基于 MSAR 模型分析了中国经济周期的阶段性划分和经济波动的非对称性。郑挺国和刘金全(2010)研究了区制转移形式的"泰勒规则"及其在中国货币政策的应用。司颖华和肖强(2014)基于 MSAR 模型分析了我国物价的非线性特征。

马尔可夫模型假定存在跨期状态相关,因而可描述时间序列的持续性和波动性,对混合模型是很好的改进。Hamilton(1989)将马尔可夫链模型扩展为具有两种状态服从马尔可夫链转换的单变量 AR 模型,并用此模型分析美国"二战"后经济高增长、低增长两种状态下经济周期的变动。由于马尔可夫状态转换(MS)模型能够准确地捕捉美国经济周期的波动性,自此 MS 模型在宏观经济、金融市场等领域得到广泛应用。Hamilton 的方法是在模型中引入了一个不可观测的状态变量,并且状态之间的变化服从一个离散时间、离散状态的马尔可夫过程。马尔可夫机制转换算法基于时间序列的内在机制转换为马尔可夫过程,通过分析观察到的时间序列,并应用滤波概率和平滑概率来推测内在机制的转换过程。

根据 Hamilton 的马尔可夫转换模型,时间序列 y_t 不仅取决于 t 时刻的状态变量 s_t,而且取决于 t-1 时刻的状态变量 s_{t-1},t-2 时刻的状态变量 s_{t-2},…,t-j 时刻的状态变量 s_{t-j}。因此,马尔可夫机制转换模型可以表示如下:

$$y_t = \mu_{s_t} + \sum_{j=1}^{p} \phi_{j,s_t} y_{t-j} + u_{s_t}$$

其中 $u_{s_t} \sim i.i.d. N(0, \sigma_{s_t}^2)$。$y_t$ 是所研究的时间序列;μ_{s_t} 代表 t 时刻所处状态下的均值,它在不同的状态下有不同的值;u_{s_t} 服从正态分布,其均值为 0,方差 $\sigma_{s_t}^2$ 随状态变量而变化;状态变量 s_t 假设服从一阶马尔可夫过程,那么转移概率 P_{ij} 就可表示为:

$$P\{s_t = j | s_{t-1} = i, s_{t-2} = k, \cdots\} = P\{s_t = j | s_{t-1} = i\} = P_{ij}$$

简单地说,一个马尔可夫机制转换模型由两部分构成:第一部分是状态过程,由不可观察的状态路径组成;第二部分是均值方程,在同一状态下,均值方程中的截距项与方差是常数,但在不同的状态下,这两个值是不同的。在模型的设定中需要首先确定模型的阶数和状态数。对于模型阶数的判断通常的做法是,对原始的时间序列做线性自回归模型,通过 AIC 准则找出最优的滞后阶数作为模型的阶数。

目前有三种方法用于对马尔可夫机制转换模型的参数估计,分别为 Hamilton 的极大似然估计法, Hamilton 的 EM 算法,以及 Albert 和 Chib 的 Gibbs 取样算法。一般来说,在模型中有 AR 项存在时,EM 算法很难实施,而 Gibbs 取样算法则需要很大的运算量。通常选用极大似然算法来估计该模型的参数。

3.2　平滑转移自回归模型

平滑转换自回归(STAR)模型则认为各种体制之间的转移是平滑变化

的,或者逐渐变化的。而且在转移函数中重点是转移变量的选取,这样既可同时考虑各种经济变量对实际产出的影响,又可突出货币政策操作的特定经济环境。从而,在经济学研究中,STAR 模型容易模拟经济现实和渐变性经济政策,这也使其成了 2000 年以来国外计量经济学前沿领域追踪的热点。

　　Teräsvirta(1994)开创性地构建了 STAR 模型实证研究的组织结构,整个过程由模型的设定、估计和评价构成。赵进文和闵捷(2005)利用 LSTAR 模型得出我国货币政策操作在效应上呈现明显的非对称性。彭方平(2007)基于 STAR 模型分析了我国货币政策传导的非线性。Deschamps(2008)基于美国的真实失业率对 STAR 模型和 MSR 模型进行了比较。王世杰(2009)基于机制转移模型对中国货币政策效应不对称性进行了研究。王成勇和艾春荣(2010)建立了不同区制的 LSTAR 模型,将我国经济周期划分为紧缩、恢复、扩张和衰退四个机制等。李颖等(2010)利用通货膨胀预期基于 LSTVAR 模型分析了货币政策的非对称性效应。Kim(2012)研究了真实汇率的非对称性波动。最近,肖强和司颖华(2014)基于 LSTAR 模型分析了货币政策对房地产价格影响的非对称性。司颖华(2014)基于 LSTAR 模型研究了房地产价格、一致指数和我国物价的非线性特征等。

　　基本的 STAR 模型可以表述为:

$$y_t = \phi_{10} + \phi_{11}y_{t-1} + \cdots + \phi_{1p}y_{t-p} + (\phi_{20} + \phi_{21}y_{t-1} + \cdots + \phi_{2p}y_{t-p})F(\gamma,c;s_t) + u_t$$

　　其中 $F(\gamma,c;s_t)$ 为满足[0,1]约束的转换函数,转换变量 s_t,斜率参数 γ 反映由一种状态"0"过渡到另一种状态"1"的速度;定位参数 c 用来确定状态转换的门限值,当转换变量 s_t 的值低于门限值 c 时,门限处于"0"状态,当转换变量 s_t 的值超过门限值 c 时,门限处于"1"状态。常用的 $F(\gamma,c;s_t)$ 有 logistic 函数与指数函数两种形式:

$$F(\gamma,c;s_t) = (1 + \exp[-\gamma(s_t - c)])^{-1} \quad (3.1)$$

$$F(\gamma,c;s_t) = 1 - \exp[-\gamma(s_t - c)^2] \quad (3.2)$$

　　式(3.1)和(3.2)分别对应于 logistic 平滑转移自回归(LSTAR)模型和

指数平滑转移自回归(ESTAR)模型。

Teräsvirta(1994)将 STAR 模型的建模过程分为三个阶段:设定、估计和评价。首先建立如下辅助回归模型:

$$\hat{v}_t = \beta'_1 z_t + \beta'_2 z_t s_t + \beta'_3 z_t s_t^2 + \beta'_4 z_t s_t^3 + \eta_t$$

其中,$\hat{v}_t$ 是线性回归方程 $y_t = \alpha' z_t + v_t$ 的最小二乘估计,系数向量 $\alpha = (\alpha_0, \alpha_1, \cdots, \alpha_p)'$,$\beta_i = (\beta_{i0}, \beta_{i1}, \cdots, \beta_{ip})'$,$j=1,2,3,4$。$z_t = (1, y_{t-1}, \cdots, y_{t-p})$。

转移变量选定后,为确定模型的具体类型,进行如下三个序贯假设检验:

$$H_{03}: \beta_{4j} = 0$$

$$H_{02}: \beta_{3j} = 0 \mid \beta_{4j} = 0$$

$$H_{01}: \beta_{2j} = 0 \mid \beta_{3j} = \beta_{4j} = 0$$

van Dijk 等(2002)建议,若 H_{02} 检验统计量所对应的 P 值最小,应建立 ESTAR 模型;若 H_{03} 或 H_{01} 检验统计量所对应的 P 值最小,则建立 LSTAR 模型。为了避免参数 γ 的过度估计,利用 $\hat{\sigma}(s_t)$ 对转移函数 F 进行缩放比例处理。

以 LSTVAR 模型相关检验为例:假设线性 VAR(1)形式

$$y_t = A + B y_{t-1} + u_t \tag{3.3}$$

其中,y_t 为 n 维向量,A,B 为系数矩阵,u_t 是扰动向量。模型(3.3)的备择假设 LSTVAR 模型为:

$$y_t = A_1 + B_1 y_{t-1} + (A_2 + B_2 y_{t-1}) F(\gamma, c; s_t) + u_t \tag{3.4}$$

$$F(\gamma, c; s_t) = \frac{1}{1 + \exp[-\gamma(s_t - c)/\hat{\sigma}(s_t)]}$$

为了模型的线性检验,Granger 等(2011)建议应用一阶 Taylor 序列来近似 LSTVAR。利用 LM 检验对(3.4)中每个方程进行检验:

$$H_0: \gamma = 0, H_1: \gamma > 0$$

首先,对(3.3)进行逐方程回归,得到每个回归方程的残差拟合值 e_{it},$i = 1, 2, \cdots, n$ 和残差平方和 SSR_i^0。然后,对 e_{it} 关于 y_{it-1}、$s_t y_{t-1}$ 进行回归获得

残差平方和 SSR_i^1。最后,对每个 i 计算 LM 统计量

$$LM_i = T(SSR_i^0 - SSR_i^1)/SSR_i^0$$

其中 T 是样本观测值个数。在原假设下,LM_i 渐近服从 $\chi^2(nk)$。

而且,Weise(1999)应用 LR 检验对整个系统进行线性检验,即每个方程都满足 $H_0: \gamma = 0$。令 $\Omega_0 = \frac{1}{T}\sum_i SSR_i^0$,$\Omega_1 = \frac{1}{T}\sum_i SSR_i^1$。LR 统计量为

$$LR = T\{\log|\Omega_0| - \log|\Omega_1|\}$$

在原假设下,LR 渐近服从 $\chi^2(nk^2)$。

3.3 脉冲响应函数

3.3.1 多变量线性 VAR 模型的脉冲响应函数

已知 K 元变量的 $VAR(p)$ 模型:

$$\begin{aligned} Y_t &= \phi_{1,0} + \phi_{1,1}Y_{t-1} + \cdots + \phi_{1,p}Y_{t-p} + \varepsilon_t \\ &= (I_K - \Phi_1 L - \cdots - \Phi_p L^p)^{-1}\varepsilon_t \\ &= (I_K + A_1 L + A_2 L^2 + \cdots)\varepsilon_t \end{aligned}$$

则,已知 $VAR(p)$ 的系数矩阵 Φ_i 可得到 $VMA(\mu)$ 的系数矩阵 A_i。

以下考虑 $VMA(\infty)$ 的表达式:

$$Y_t = (I_K + A_1 L + A_2 L^2 + \cdots)\varepsilon_t$$

Y_t 的第 i 个变量 $y_{i,t}$ 可以写成:

$$y_{i,t} = \sum_{j=1}^{K}(a_{ij}^{(0)}\varepsilon_{j,t} + a_{ij}^{(1)}\varepsilon_{j,t-1} + a_{ij}^{(2)}\varepsilon_{j,t-2} + a_{ij}^{(3)}\varepsilon_{j,t-3} + \cdots)$$

一般地,由 y_j 的脉冲引起的 y_i 的响应函数为:

$$a_{ij}^{(0)}, a_{ij}^{(1)}, a_{ij}^{(2)}, a_{ij}^{(3)}, \cdots$$

A_q 的第 i 行、第 j 列原始可以表示为

$$a_{ij}^{(q)} = \frac{\partial y_{i,t+q}}{\partial \varepsilon_{j,t}}, \qquad q = 0,1,\cdots$$

矩阵表示为:

$$A_q = \frac{\partial Y_{t+q}}{\partial \varepsilon_t'}$$

作为 q 的函数,它描述了在时期 t,第 j 个变量的扰动项增加一个单位,其他扰动不变,且其他时期的扰动均为常数的情况下,$y_{i,t+q}$ 对 $\varepsilon_{k,t}$ 的一个单位冲击的反应,把它称为脉冲响应函数。

实际问题中,计算脉冲响应函数时,为了使得 $\varepsilon_t = (\varepsilon_{1,t}, \varepsilon_{2,t}, \cdots, \varepsilon_{K,t})'$ 中其他元素不随着 $\varepsilon_{k,t}$ 的变动而变动,通常采用 Cholesky 分解法,在其他变量和早期变量不变的情况下,Y_{t+q} 对 $y_{j,t}$ 的一个单位冲击的反应为:

$$\frac{\partial Y_{t+q}}{\partial u_{j,t}} = \frac{\partial Y_{t+q}}{\partial \varepsilon_{j,t}} \frac{\partial \varepsilon_{j,t}}{\partial u_{j,t}} = A_q P_j$$

其中 P_j 表示 Cholesky 分解得到 P 的矩阵的第 j 列元素,则矩阵 P 的选择与变量的次序有关。

3.3.2 非线性 VAR 模型的广义脉冲响应函数

假定一个 K 维向量的 2 状态 $LSTVAR(p)$ 模型形式如下:

$$\begin{aligned}Y_t &= \phi_{1,0} + \phi_{1,1} Y_{t-1} + \cdots + \phi_{1,p} Y_{t-p} \\ &+ (\phi_{2,0} + \phi_{2,1} Y_{t-1} + \cdots + \phi_{2,p} Y_{t-p}) F(\gamma, c; s_t) + \varepsilon_t\end{aligned}$$

其中 $F(\gamma, c; s_t)$ 是转换变量为 s_t 的转换函数,$Y_t = (y_{1,t}, y_{2,t}, \cdots, y_{K,t})'$ 为维时间序列向量,$\varepsilon_t = (\varepsilon_{1,t}, \varepsilon_{2,t}, \cdots, \varepsilon_{K,t})'$ 是维白噪声过程。

Koop 等(1996)提出了既适用于线性 VAR 模型和又适用于非线性 VAR 模型的广义脉冲响应函数(Generalized Impulse Response Function,记作 GIRF)。他们通过计算历史随机冲击和特殊冲击间的差异,有效地刻画非线性模型中的冲击反应过程。一般脉冲响应函数(GIRF)定义为:

$$GIRF_Y(h, \delta^k, \Omega_{t-1}^k) = E[Y_{t+h} | \varepsilon_{k,t} = \delta^k, \Omega_{t-1}^k] - E[Y_{t+h} | \Omega_{t-1}^k]$$

其中：$\varepsilon_{k,t} = \delta^k$ 代表来自第 k 个变量 y_k 的第 t 期冲击，Ω_{t-1}^k 代表该冲击发生时所有可获得的信息集。$E[Y_{t+h} | \varepsilon_{k,t} = \delta^k, \Omega_{t-1}^k]$ 表示在已知信息集 Ω_{t-1}^k 下，第 k 个变量 y_k 的第 t 期冲击 δ^k 对 $t+h$ 期 Y_{t+h} 期望的影响。上式表明，第 k 个变量 y_k 的第 t 期冲击 δ^k，对应 $t+h$ 期的冲击响应值 $GIRF_Y(h, \delta^k, \Omega_{t-1}^k)$ 是在考虑 δ^k 冲击影响对 $t+h$ 期 Y_{t+h} 期望值所导致的差异。

进一步假设 $\varepsilon_t \sim N(0, \Sigma)$ 时，Koop 等（1996）证明了冲击条件期望为

$$E(\varepsilon_t | \varepsilon_{k,t} = \delta^k) = \Sigma e_k \sigma_{kk}^{-1} \delta^k$$

其中 e_k 为第 k 个元素为 1，其他元素为 0 的单位向量，σ_{kk} 是第 k 个变量的标准差。综上所述，来自第 k 个变量 y_k 的单位冲击（$\delta^k = 1$）对第 j 个变量 y_j 的 GIRF 表达式为：

$$\begin{aligned}GIRF_{y_j}(h, \delta^k, \Omega_{t-1}^k) &= E[y_{j,t+h} | \varepsilon_{k,t} = 1, \Omega_{t-1}^k] - E[y_{j,t+h} | \Omega_{t-1}^k] \\ &= e_j' \Phi_h \Sigma e_k \sigma_{kk}^{-1} \quad j, k = 1, 2, \cdots, K\end{aligned}$$

比较脉冲响应函数和广义脉冲响应函数可知，与基于 Cholesky 分解法的脉冲响应函数相比，GIRF 方法的分析结果并不依赖于 VAR 系统中各个内生变量的排序，从而大大提高了估计结果的稳定性与可靠性，并且能够更好地理解变量对任一其他变量冲击的初始响应的含义。

3.3.3 广义脉冲响应函数值的产生

根据以上原理、借鉴 Weise（1999）的做法［彭方平（2007）、刘金全等（2009）］。给出广义脉冲响应函数产生过程如下：

假定，在 $LSTVAR(p)$ 模型下，以经济处于金融状况良好状态或金融状况恶化状态为起点，分析在此两种状态下，货币政策产出效应的差异性。

步骤1：从 $LSTVAR(p)$ 的回归残差中，进行有放回的联合抽样，形成未来 h 期脉冲值。

步骤2：选取某一年份经济处于金融状况良好（恶化）状态为起点（$t = t_0$），用步骤1形成的脉冲值冲击，生成产出未来 h 期值即 $E[y_{t_0+h} | \Omega_{t_0-1}^k]$。

步骤 3：分别以所研究的货币工具变量的正一倍标准差或负一倍标准差($\varepsilon_{k,t_0} = \delta^k$)，相应替代步骤 1 生成的脉冲值的初始值，在其他期脉冲值保持不变的情况下，重新生成产出未来 h 期值即 $E[y_{t_0+h} | \varepsilon_{k,t_0} = \delta^k, \Omega_{t_0-1}^k]$。

步骤 4：重复 m 次步骤 1—3，分别平均步骤 3 的脉冲值 $E[y_{t_0+h} | \varepsilon_{k,t_0} = \delta^k, \Omega_{t_0-1}^k]$ 和步骤 2 的脉冲值 $E[y_{t_0+h} | \Omega_{t_0-1}^k]$，然后相减，可得货币政策工具变量对产出的广义脉冲响应函数值。

步骤 5：重新选取另外某一年份经济处于金融状况恶化（良好）状态为起点，重复上述步骤，所得结果即是我们所需要的脉冲响应函数。

基于上述方法，我们可以得到，在不同金融状况下，货币政策工具对产出的冲击效应。

第4章

平稳过程的谱分析

4.1 谱

4.1.1 谱及其性质

设 Z_t 是一实值平稳过程,其自协方差函数 γ_k 为绝对可和,于是

$$f(\omega) = \frac{1}{2\pi} \sum_{k=-\infty}^{\infty} \gamma_k e^{-i\omega k} \qquad (4.1.1)$$

$$= \frac{1}{2\pi} \sum_{k=-\infty}^{\infty} \gamma_k \cos \omega k \qquad (4.1.2)$$

$$= \frac{1}{2\pi}\gamma_0 + \frac{1}{\pi}\sum_{k=1}^{\infty} \gamma_k \cos \omega k, \quad -\pi \leq \omega \leq \pi \qquad (4.1.3)$$

其中,

$$\gamma_k = \int_{-\pi}^{\pi} f(\omega) e^{i\omega k} d\omega \qquad (4.1.4)$$

函数 $f(\omega)$ 有下列重要性质:

1. $f(\omega)$ 是连续实值、非负函数,即 $|f(\omega)| = f(\omega)$。因此,$f(\omega)$ 可看作自协方差函数(或对应过程 Z_t)的谱。为了说明它是非负的,我们注意到 γ_k 作为自协方差函数应是半正定的,即对于任意实数 c_i, c_j 和整数 k_i, k_j 有:

第4章 平稳过程的谱分析

$$\sum_{i=1}^{n}\sum_{j=1}^{n}c_ic_j\gamma_{(k_i-k_j)} \geq 0 \qquad (4.1.5)$$

2. $f(\omega)=f(\omega+2\pi)$，因此 $f(\omega)$ 以 2π 为周期。由于 $f(\omega)=f(-\omega)$，即 $f(\omega)$ 是对称偶函数。

3. 由式(4.1.4)我们有

$$Var(Z_t) = \gamma_0 = \int_{-\pi}^{\pi} f(\omega)d\omega \qquad (4.1.6)$$

这表明谱 $f(\omega)$ 可以解释成过程方差的贡献。谱图上的峰标志着在对应区间的频率分量上对方差有重大的贡献。例如，图 4-1 显示出 ω_0 附近的频率分量是最重要的，而 π 附近的高频分量是最不重要的。

4. 方程(4.1.1)和(4.1.4)表明：谱 $f(\omega)$ 和自协方差序列 γ_k 构成了一对傅里叶变换，其中的一个被另一个唯一地确定。因此，时域方法和频域方法在理论上是等价的。

4.1.2 自协方差函数的谱表示——谱分布函数

Fourier-Stieltjes 积分给出其谱表示：

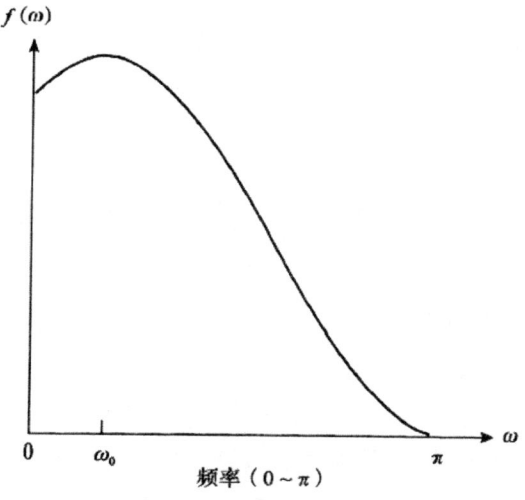

图 4-1 谱的一个例子

$$\gamma_k = \int_{-\pi}^{\pi} e^{i\omega k} dF(\omega) \tag{4.1.7}$$

其中,$f(\omega)$称为谱分析函数。式(4.1.7)通常称为自协方差函数γ_k的谱表示。可以把谱分布函数写成:

$$f(\omega) \simeq f_s(\omega) = f_c(\omega) \tag{4.1.8}$$

其中,$f_s(\omega)$是阶梯函数,$f_c(\omega)$是连续分量。

为了说明阶梯谱分布函数,我们考虑下面的一般线性周期模型:

$$Z_t = \sum_{i=1}^{M} A_i \sin(\omega_i t + \Theta_i) \tag{4.1.9}$$

其中A_i是常数,Θ_i是区间$[-\pi, \pi]$上独立的均匀分布随机变量。ω_i是在区间$[-\pi, \pi]$上的不同频率。于是有

$$E(Z_t) = \sum_{i=1}^{M} A_i E[\sin(\omega_i t + \Theta_i)]$$

$$= \sum_{i=1}^{M} \frac{A_i}{2\pi} \int_{-\pi}^{\pi} \sin(\omega_i t + \Theta_i) d\Theta_i = 0 \tag{4.1.10}$$

和

$$\gamma_k = E(z_t z_{t+k})$$

$$= \sum_{i=1}^{M} A_i^2 E\{\sin(\omega_i t + \Theta_i) \sin(\omega_i (t+k) + \Theta_i)\}$$

$$= \sum_{i=1}^{M} A_i^2 E\{\frac{1}{2}[\cos \omega_i k - \cos(\omega_i (2t+k) + 2\Theta_i)]\}$$

$$= \frac{1}{2} \sum_{i=1}^{M} A_i^2 \cos \omega_i k, \quad k=0, \pm 1, \pm 2, \cdots, \tag{4.1.11}$$

我们可以写成:

$$E\{\cos[\omega_i(2t+k) + 2\Theta_i]\} = \frac{1}{2\pi} \int_{-\pi}^{\pi} \cos[\omega_i(2t+k) + 2\Theta_i] d\Theta_i = 0$$

为此,我们有如下重要注记:

1. Z_t 是 M 个独立分量和。

2. ω_i 可以是区间 $[-\pi, \pi]$ 中的任意值,式(4.1.11)中的 γ_k 也是式 (4.1.13)所给定过程在频率 $-\omega_i$ 的自协方差函数。

3. $\gamma_0 = \dfrac{1}{2}\sum_{i=1}^{M} A_i^2$ \hfill (4.1.12)

因此,第 i 个分量的方差 $A_i^2/2$ 是在频率 ω_i 和 $-\omega_i$ 上对 Z_t 总方差的贡献。因此,式(4.1.15)也可以写成:

$$\gamma_k = \sum_{i=-M, i\neq 0}^{M} c_i \cos\omega_i k \qquad (4.1.13)$$

其中

$$c_i = c_{-i} = \begin{cases} A_i^2/4, \omega_i \neq 0 \\ A_i^2/2, \omega_i = 0 \end{cases}$$

或

$$\gamma_k = \int_{-\pi}^{\pi} \cos\omega_k dF(\omega) = \int_{-\pi}^{\pi} e^{i\omega k} dF(\omega) \qquad (4.1.14)$$

其中,$F(\omega)$ 是单调非降阶梯函数,在 $\omega = \pm\omega_i \neq 0$ 的跳跃值为 $A_i^2/4$,在 $\omega = \pm\omega_i = 0$ 的跳跃值为 $A_i^2/2$,$i = 1, 2, \cdots, M$。

图 4-2 显示了一个过程的谱分布函数,$M = 2$,$A_1 = 1$,$A_2 = 2$,非零频率为 ω_1 和 ω_2。图 4-3 表示在不同频率上方差贡献的相应谱是一组离散的值。

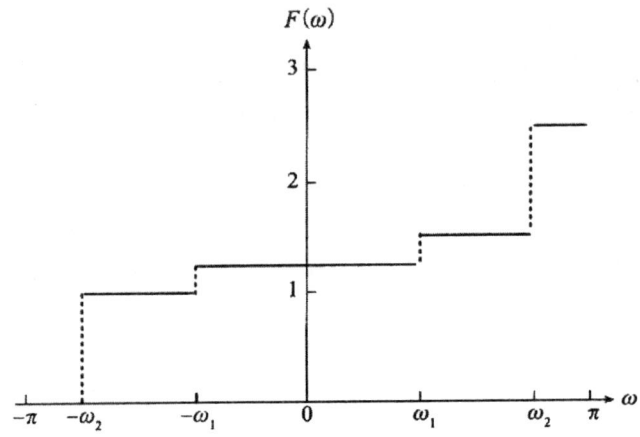

图 4-2 $Z_t = \sum_{i=1}^{2} A_i \sin(\omega_i t + \Theta_i)$, $A_1 = 1$, $A_2 = 2$ 的谱分布函数

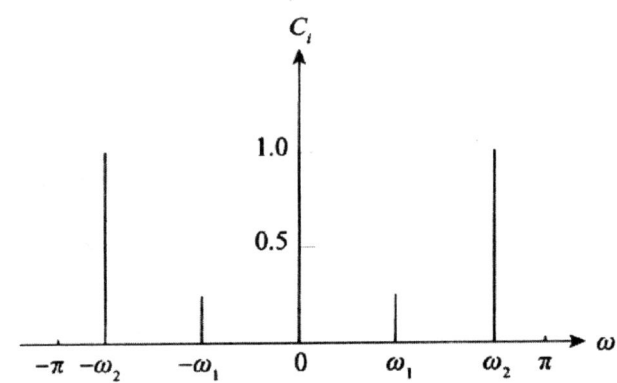

图 4-3 $Z_t = \sum_{i=1}^{2} A_i \sin(\omega_i t + \Theta_i)$, $A_1 = 1$, $A_2 = 2$ 的线谱直线

如果我们定义公式

$$G(\omega) = \frac{F(\omega)}{\gamma_0} \qquad (4.1.15)$$

然而,$G(\omega) \geq 0$ 且 $\int_{-\pi}^{\pi} dG(\omega) = 1$。当 $dF(\omega) = f(\omega)d\omega$ 时,我们得到

$$p(\omega)d\omega = dG(\omega) = \frac{f(\omega)}{\gamma_0}d\omega \qquad (4.1.16)$$

因此,由式(4.1.1)和式(4.1.4),我们得到下面相应的一对傅里叶变换:

$$p(\omega) = \frac{1}{2\pi} \sum_{k=-\infty}^{\infty} \rho_k e^{-i\omega k} \qquad (4.1.17)$$

$$= \frac{1}{2\pi} \sum_{k=-\infty}^{\infty} \rho_k \cos\omega k \qquad (4.1.18)$$

$$= \frac{1}{2\pi} + \frac{1}{\pi} \sum_{k=1}^{\infty} \rho_k \cos\omega k, -\pi \leq \omega \leq \pi \qquad (4.1.19)$$

以及

$$\rho_k = \int_{-\pi}^{\pi} p(\omega) e^{i\omega k} d\omega, k=0, \pm 1, \pm 2, \cdots \qquad (4.1.20)$$

函数 $p(\omega)$ 在区域 $[-\pi, \pi]$ 上具有概率密度函数的性质,常称为谱密度函数。

4.2 一些常用过程的谱

4.2.1 谱和自协方差生成函数

已知对于一个给定的自协方差序列 $\gamma_k, k = 0, \pm 1, \pm 2, \cdots$,其自协方差生成函数定义为:

$$\gamma(B) = \sum_{-\infty}^{\infty} \gamma_k B^k \qquad (4.2.1)$$

其中,过程的方差 γ_0 是 $B^0 = 1$ 的系数,延迟为 k 的自协方差 γ_k 是 B^k 和 B^{-k} 二者的系数。若给定的协方差序列 γ_k 是绝对可和的,那么谱或谱密度存在且等于

$$f(\omega) = \frac{1}{2\pi} \sum_{k=-\infty}^{\infty} \gamma_k e^{-i\omega k} \qquad (4.2.2)$$

其谱和自协方差生成函数有如下关系：

$$f(\omega) = \frac{1}{2\pi}\gamma(e^{-i\omega}) \tag{4.2.3}$$

4.2.2 ARMA 模型的谱

任何纯非确定性的线性过程 Z_t 均可以写成：

$$Z_t = \sum_{j=0}^{\infty} \phi_j a_{t-j} = \phi(B)a_t \tag{4.2.4}$$

其中，$\phi(B) = \sum_{j=0}^{\infty}\phi_j B^j$, $\phi_0 = 1$。为了不失一般性，我们假定 $E(Z_t) = 0$。由式(2.6.9)可知，线性过程的自协方差生成函数由下式给出

$$\gamma(B) = \sigma_a^2 \phi(B)\phi(B^{-1}) \tag{4.2.5}$$

对于一般的平稳 $ARMA(p,q)$ 模型

$$\phi_p(B)Z_t = \theta_q(B)a_t \tag{4.2.6}$$

其中，$\phi_p(B) = (1-\phi_1 B - \cdots \phi_p B^p)$ 和 $\theta_q(B) = (1-\theta_1 B - \cdots \theta_q B^q)$ 无公因子，我们可以写为

$$Z_t = \phi(B)a_t$$

其中，$\phi(B) = \theta_q(B)/\phi_p(B)$。因此，$ARMA(p,q)$ 模型的自协方差生成函数成为：

$$\gamma(B) = \sigma_a^2 \frac{\theta_q(B)\theta_q(B^{-1})}{\phi_p(B)\phi_p(B^{-1})} \tag{4.2.7}$$

当模型为平稳时，$\phi_p(B) = 0$ 的根都在单位圆之外，这保证了自协方差函数的绝对可和性。因而，平稳 $ARAM(p,q)$ 的谱为

$$f(\omega) = \frac{1}{2\pi}\gamma(e^{-i\omega})$$

$$= \frac{\sigma_a^2 \theta_q(e^{-i\omega})\theta_q(e^{i\omega})}{2\pi\phi_p(e^{-i\omega})\phi_p(e^{i\omega})} \tag{4.2.8a}$$

$$= \frac{\sigma_a^2}{2\pi} \left| \frac{\theta_q(e^{-i\omega})}{\phi_p(e^{-i\omega})} \right|^2 \qquad (4.2.8b)$$

我们也称其为有理谱。

如果模型是可逆的,因此,$f(\omega)$ 的逆也存在,可由下式得到

$$f^{-1}(\omega) = \frac{2\pi \phi_p(e^{-i\omega})\phi_p(e^{i\omega})}{\sigma_a^2 \theta_q(e^{-i\omega})\theta_q(e^{i\omega})} \qquad (4.2.9a)$$

$$= \frac{2\pi}{\sigma_a^2} \left| \frac{\phi_p(e^{-i\omega})}{\theta_q(e^{-i\omega})} \right|^2 \qquad (4.2.9b)$$

由上式很容易看出,这是 $ARMA(p,q)$ 过程的谱。利用 $f^{-1}(\omega)$ 的逆傅里叶变换,得到

$$\gamma_k^{(I)} = \int_{-\pi}^{\pi} f^{-1}(\omega)e^{i\omega k} d\omega \qquad (4.2.10)$$

这是逆自相关函数。于是

$$\rho_k^{(I)} \frac{\gamma_k^{(I)}}{\gamma_0^{(I)}} = \frac{1}{\gamma_0^{(I)}} \int_{-\pi}^{\pi} f^{-1}(\omega)e^{i\omega k} d\omega \qquad (4.2.11)$$

称为逆自相关函数。

白噪声过程的谱。白噪声过程

$$Z_t = a_t \qquad (4.2.12)$$

是不相关随机变量的序列,其自协方差函数为

$$\gamma_k = \begin{cases} \sigma_a^2, & k = 0 \\ 0, & k \neq 0 \end{cases} \qquad (4.2.13)$$

其自相关生成函数为 $\gamma(B) = \sigma_a^2$。因此,由式(4.1.1)或等价地由式(4.2.3)可知谱为

$$f(\omega) = \frac{1}{2\pi} \sum_{-\infty}^{\infty} \gamma_k e^{-i\omega k}$$

$$= \frac{\sigma_a^2}{2\pi}, \qquad -\pi \leq \omega \leq \pi \qquad (4.2.14)$$

这是如图4-4的水平直线,这意味着在所有频率上对方差的贡献都是相同的。我们知道,当在所有频率上的光谱都是相同时就产生了白光。事实上,白噪声过程就是由于它与白光在频谱上的相似性而命名的。

$AR(1)$过程的谱。平稳$AR(1)$过程$(1-\phi B)Z_t = a_t$的自协方差生成函数由下式给出:

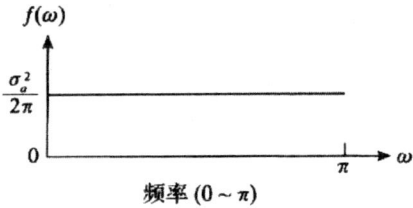

图4-4 白噪声过程的谱

$$\gamma(B) = \sigma_a^2 \frac{1}{(1-\phi B)(1-\phi B^{-1})} \qquad (4.2.15)$$

于是,由式(4.2.8a)可知,它的谱为

$$f(\omega) = \frac{\sigma_a^2}{2\pi} \frac{1}{(1-\phi e^{-i\omega})(1-\phi e^{i\omega})}$$

$$= \frac{\sigma_a^2}{2\pi} \frac{1}{(1+\phi^2 - 2\phi\cos\omega)} \qquad (4.2.16)$$

谱的形状依赖于ϕ的符号。如图4-5所示,$\phi>0$时,序列是正相关的,谱由低频(长周期)分量控制;当$\phi<0$时,序列是负相关的,谱由高频(短周期)分量控制。换言之,低频控制的谱表明序列相对较平滑,而高频控制的谱则表明序列相对不规则。

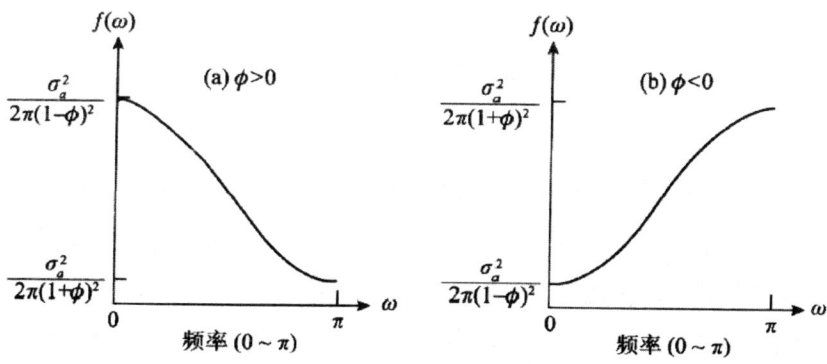

图 4-5 $AR(1)$ 过程的谱

当 ϕ 接近 1 时，$AR(1)$ 过程的极限是随机游走模型，因此

$$f(\omega) = \frac{\sigma_a^2}{4\pi} \frac{1}{(1-\cos\omega)} \qquad (4.2.17)$$

可以看作随机游走模型的谱，严格地说，随机游走不存在谱，因为它的自协方差序列不是绝对可和的。尽管如此，式(4.2.17)的函数是具有良好特性的非负偶函数，但 $\omega = 0$ 处函数的峰成为无穷大。在数据分析中，如果样本谱在靠近零频率处有很大的峰值，这一现象表明可能需要进行差分。

$MA(1)$ 过程的谱。一阶移动平均过程 $Z_t = (1-\phi B)a_t$ 的自协方差生成函数为

$$\gamma(B) = \sigma_a^2(1-\phi B)(1-\phi B^{-1}) \qquad (4.2.18)$$

它的谱为

$$\begin{aligned} f(\omega) &= \frac{\sigma_a^2}{2\pi}(1-\phi e^{-i\omega})(1-\phi e^{i\omega}) \\ &= \frac{\sigma_a^2}{\pi}(1+\theta^2 - 2\theta\cos\omega) \end{aligned} \qquad (4.2.19)$$

$f(\omega)$ 的形状也依赖于 θ 的正负。

回忆前面所讲过的公式

$$\rho_k = \begin{cases} 1, & k=0 \\ \dfrac{-\theta}{1+\theta^2}, & k=\pm 1 \\ 0, & 其他 \end{cases}$$

因此,当 θ 为正时,序列呈负相关且相对地不规则,谱表现为在高频处有较大值。另一方面,当 θ 为负时,序列呈正相关,相对较平滑,用谱描述相应现象就是其域值在低频。以上两种情形都在图 4-6 中给出,正如所料,在时域中的自协方差函数与频域中的谱所包含过程的信息是完全一致的。

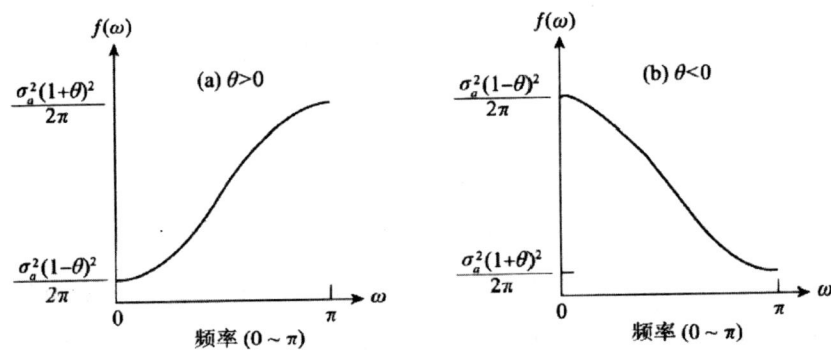

图 4-6 $MA(1)$ 过程的谱

4.2.3 两个独立过程之和的谱

考虑过程 Z_t,它是两个独立平稳过程 X_t 和 Y_t 之和:

$$Z_t = X_t + Y_t \tag{4.2.20}$$

设 $\gamma_Z(B), \gamma_X(B)$ 和 $\gamma_Y(B)$,和是过程 Z_t, X_t 和 Y_t 的自协方差生成函数。则

$$\gamma_Z(B) = \sum_{k=-\infty}^{\infty} \gamma_Z(k) B^k$$

$$= \sum_{k=-\infty}^{\infty} Cov(Z_t, Z_{t+k} C\omega) B^k$$

$$= \sum_{k=-\infty}^{\infty} Cov(X_t + Y_t, X_{t+k} + Y_{t+k})B^k$$

$$= \sum_{k=-\infty}^{\infty} [Cov(X_t, X_{t+k}) + Cov(Y_t, Y_{t+k})]B^k$$

$$= \sum_{k=-\infty}^{\infty} \gamma_X(k)B^k + \sum_{k=-\infty}^{\infty} \gamma_Y(k)B^k$$

$$= \gamma_X(B) + \gamma_Y(B) \tag{4.2.21}$$

得到

$$f_Z(\omega) = f_X(\omega) + f_Y(\omega) \tag{4.2.22}$$

因此,两个独立过程之和的谱是两个独立谱之和。

4.3 线性滤波的谱

4.3.1 滤波函数

令是具有绝对可和自协方差序列的平稳过程,其相应的谱为:

$$f_Z(\omega) = \frac{1}{2\pi} \sum_{l=-\infty}^{\infty} \gamma_Z(l)e^{-i\omega l}$$

考虑 Z_t 的线性滤波,可由下式得到:

$$Y_t = \sum_{j=-\infty}^{\infty} \alpha_j Z_{t-j} = \sum_{j=-\infty}^{\infty} \alpha_j B^j Z_t = \alpha(B)Z_t \tag{4.3.1}$$

其中, $\alpha(B) = \sum_{j=-\infty}^{\infty} \alpha_j B^j$ 和 $\sum_{j=-\infty}^{\infty} |\alpha_j| < \infty$ 。

为了不失一般性,假设 $E(Z_t) = 0$,因而 $E(Y_t) = 0$ 。令 $l = k - j + h$,我们有

$$E(Y_t Y_{t+k}) = E\left[\left(\sum_{h=-\infty}^{\infty} \alpha_h Z_{t-h}\right)\left(\sum_{j=-\infty}^{\infty} \alpha_j Z_{t+k-j}\right)\right]$$

$$= E\left[\sum_{h=-\infty}^{\infty} \alpha_h \sum_{j=-\infty}^{\infty} \alpha_j Z_{t-h} Z_{t+k-j}\right]$$

$$= E\left[\sum_{h=-\infty}^{\infty} \alpha_h \sum_{j=-\infty}^{\infty} \alpha_j \gamma_Z(k-j+h)\right]$$

$$= \sum_{h=-\infty}^{\infty} \alpha_h \sum_{l=-\infty}^{\infty} \alpha_{h+k-l} \gamma_Z(l) = \gamma_Y(k) \tag{4.3.2}$$

可见,$\gamma_Y(k)$是绝对可和的,因为

$$\sum_{h=-\infty}^{\infty}|\gamma_Y(k)| \le \sum_{k=-\infty}^{\infty}\sum_{h=-\infty}^{\infty}|\alpha_h|\sum_{l=-\infty}^{\infty}|\alpha_{h+k-l}||\gamma_Z(l)|$$

$$= \sum_{h=-\infty}^{\infty}|\alpha_h|\sum_{l=-\infty}^{\infty}|\gamma_Z(l)|\sum_{k=-\infty}^{\infty}|\alpha_{h+k-l}|$$

$$= \sum_{h=-\infty}^{\infty}|\alpha_h|\sum_{l=-\infty}^{\infty}|\gamma_Z(l)|\sum_{k=-\infty}^{\infty}|\alpha_k| < \infty$$

因此,我们可得

$$f_Y(\omega) = \frac{1}{2\pi} \sum_{k=-\infty}^{\infty} \gamma_Y(k) e^{-i\omega k}$$

$$= \frac{1}{2\pi} \sum_{k=-\infty}^{\infty} e^{-i\omega k} \sum_{h=-\infty}^{\infty} \alpha_h \sum_{l=-\infty}^{\infty} \alpha_{h+k-l} \gamma_Z(l)$$

$$= \frac{1}{2\pi} \sum_{k=-\infty}^{\infty} \sum_{h=-\infty}^{\infty} \sum_{l=-\infty}^{\infty} \alpha_h \alpha_{h+k-l} \gamma_Z(l) e^{i\omega h} e^{-i\omega l} e^{-i\omega(h+k-l)}$$

$$= \sum_{h=-\infty}^{\infty} \alpha_h e^{i\omega h} \frac{1}{2\pi} \sum_{l=-\infty}^{\infty} \gamma_Z(l) e^{-i\omega l} \sum_{k=-\infty}^{\infty} \alpha_{h+k-l} e^{-i\omega(h+k-l)}$$

$$= \sum_{h=-\infty}^{\infty} \alpha_h e^{i\omega h} \frac{1}{2\pi} \sum_{l=-\infty}^{\infty} \gamma_Z(l) e^{-i\omega l} \sum_{t=-\infty}^{\infty} \alpha_t e^{-i\omega t}$$

$$= \left|\alpha(e^{i\omega})\right|^2 f_Z(\omega) \tag{4.3.3}$$

其中

$$\left|\alpha(e^{i\omega})\right|^2 = \alpha(e^{i\omega})\left[\alpha(e^{i\omega})\right]^*$$

$$= \alpha(e^{i\omega})\alpha(e^{-i\omega}) \qquad (4.3.4)$$

通常称为滤波函数或传递函数。

4.3.2 移动平均的作用

考虑下面简单的移动平均：

$$Y_t = \frac{1}{m}\sum_{j=0}^{m-1} Z_{t-j} = \alpha(B)Z_t, \qquad m \geq 2 \qquad (4.3.5)$$

其中 $\alpha(B) = \left(\sum_{j=0}^{m-1} B^j\right)/m$，于是有式(4.3.5)

$$\left|\alpha(e^{i\omega})\right|^2 = \frac{1}{m^2}\left(\sum_{j=0}^{m-1} e^{i\omega j}\right)\left(\sum_{j=0}^{m-1} e^{-i\omega j}\right)$$

$$= \frac{1}{m^2}\left(\frac{1-e^{im\omega}}{1-e^{i\omega}}\right)\left(\frac{1-e^{-im\omega}}{1-e^{-i\omega}}\right)$$

$$= \frac{1}{m^2}\frac{2-2\cos m\omega}{2-2\cos\omega}$$

$$= \frac{1}{m^2}\frac{1-\cos m\omega}{1-\cos\omega} \qquad (4.3.6)$$

注意到当 $m\omega = (2k-1)\pi$，即 $\omega = (2k-1)\pi/m, k = 1,\cdots,[(m+1)/2]$ 时，$\cos m\omega = -1$，而当 $m\omega = 2k\pi$ 和 $\omega = 2k\pi/m, k = 1,\cdots,[m/2]$ 时，$\cos m\omega = 1$ 并有

$$\lim_{\omega\to 0}\left|\alpha(e^{i\omega})\right|^2 = \lim_{\omega\to 0}\frac{1}{m^2}\left(\frac{1-\cos m\omega}{1-\cos\omega}\right) = 1$$

因此，当 $m \geq 2$ 时，滤波函数在 $\omega = 0$ 处达到绝对极大值，而在频率 $\omega = (2k-1)\pi/m, k = 1,\cdots,[(m+1)/2]$ 是相对极大。在频率 $\omega = 2k\pi/m, k = 1,\cdots,[m/2]$ 处函数为 0。因为函数 $(1-\text{xos}\omega)$ 在 0 和 π 之间是增函数，滤波

函数的整体形态看起来与图4-7相似。当m值很大时,在0频率附近的第一个峰成为主导,其他频率上的相对最大值变成0. 这意味着Y_t将主要包含原序列分量。像这种保持原序列中的低频率分量、减弱或消除其高频分量的滤波器称为低通滤波。

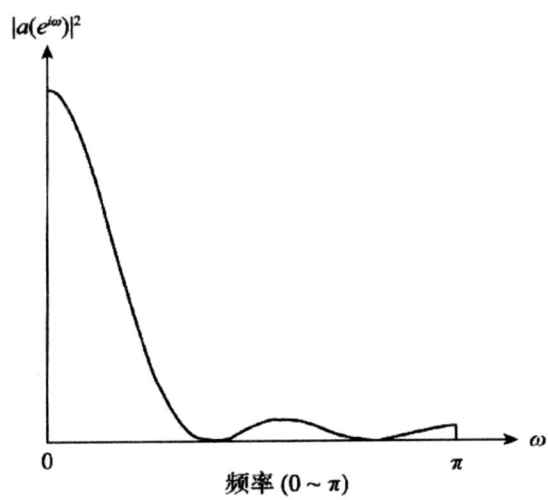

图4-7 $|\alpha(e^{i\omega})|^2 = \frac{1}{m^2}\left(\frac{1-\cos m\omega}{1-\cos\omega}\right)$的滤波函数

4.3.3 差分的作用

接下来,我们考虑差分算子

$$W_t = (1-B)Z_t$$
$$= \alpha(B)Z_t \quad (4.3.7)$$

其中,$\alpha(B) = (1-B)$。从式(4.3.4)有

$$|\alpha(e^{i\omega})|^2 = (1-e^{i\omega})(1-e^{-i\omega})$$
$$= 2(1-\cos\omega) \quad (4.3.8)$$

显然,$|\alpha(e^{i\omega})|^2$在$\omega=0$时为0. 如图4-8所示,它在$0\sim\pi$为增,并在$\omega=\pi$时达到极大。因此,保持原序列的高频分量,并将低频分量基本消除,这种滤波称为高通滤波,常用来消除原序列的趋势。

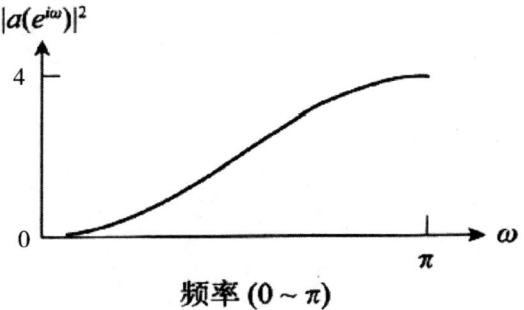

图 4-8　$|\alpha(e^{i\omega})|^2 = 2(1-\cos\omega)$ 的滤波函数

第 5 章

谱估计

首先从周期图分析入手,然后讨论样本谱的平滑及相关概念最后给出一些具体实例以说明具体的方法。

5.1 周期图

给出一个 n 个观测的时间序列,我们将 n 个观测表示如下的傅里叶表示:

$$Z_t = \sum_{k=0}^{[n/2]} (a_k \cos \omega_k t + b_k \sin \omega_k t) \qquad (5.1.1)$$

其中,$\omega_k = 2\pi k/n, k=0,1,\cdots,[n/2]$ 是傅里叶频率,而

$$a_k = \begin{cases} \dfrac{1}{n}\sum_{t=1}^{n} Z_t \cos \omega_k t, & k=0, \text{且若} n \text{是偶数} k = \dfrac{n}{2} \\ \dfrac{2}{n}\sum_{t=1}^{n} Z_t \cos \omega_k t, & k=1,2,\cdots,\left[\dfrac{n-1}{2}\right] \end{cases}$$

及

$$b_k = \frac{1}{2}\sum_{t=1}^{n} Z_t \sin \omega_k t, \quad k=1,2,\cdots,\left[\frac{n-1}{2}\right]$$

是傅里叶系数。事实上,傅里叶系数就是适合下面回归模型的标准回

归系数：

$$Z_t = \sum_{k=0}^{[n/2]} (a_k \cos\omega_k t + b_k \sin\omega_k t) + e_t \qquad (5.1.2)$$

其中, ω_k 是傅里叶频率我们可以从回归分析的概念得出 Parseval 关系式：

$$\sum_{t=1}^{n} Z_t^2 = \begin{cases} na_0^2 + \dfrac{n}{2}\sum_{k=1}^{[(n-1)/2]}(a_k^2+b_k^2), & \text{若}n\text{为奇数} \\ na_0^2 + \dfrac{n}{2}\sum_{k=1}^{[(n-1)/2]}(a_k^2+b_k^2) + na_{n/2}^2, & \text{若}n\text{为偶数} \end{cases} \qquad (5.1.3)$$

表 5−1 对周期图分析的方差分析表

过程	自由度	方差相加
频率 $\omega_0 = 0\,(Mean)$	1	na_0^2
频率 $\omega_1 = 2\pi/n$	2	$\dfrac{n}{2}(a_1^2 + b_1^2)$
频率 $\omega_2 = 4\pi/n$	2	$\dfrac{n}{2}(a_2^2 + b_2^2)$
频率 $\omega_{[(n-1)/2]} = [(n-1)/2]2\pi/n$	2	$\dfrac{n}{2}(a_{[(n-1)/2]}^2 + b_{[(n-1)/2]}^2)$
频率 $\omega_n/2 = \pi$ (若 n 为偶数)	1	$na_{n/2}^2$
总和	n	$\sum_{t=1}^{n} Z_t^2$

表 5−1 给出了方差分析。我们将 $I(\omega_k)$ 定义为

$$I(\omega_k) = \begin{cases} na_0^2, & k=0 \\ \dfrac{n}{2}(a_k^2+b_k^2), & k=1,\cdots,[(n-1)/2] \\ na_{n/2}^2, & \text{当}n\text{为偶数时}, \quad k=\dfrac{n}{2} \end{cases} \tag{5.1.4}$$

量 $I(\omega_k)$ 称为周期图,是由 $Schuster(1898)$ 为研究序列的周期分量而引入的。

假设 $Z_1, Z_2, \cdots, Z_n$ 是 $i.i.d. N(0,\sigma^2)$,则

$$E(a_k) = \frac{2}{n}\sum_{t=1}^n E(Z_t)\cos\omega_k t = 0$$

及

$$Var(a_k) = \frac{4}{n^2}\sum_{t=1}^n \sigma^2(\cos\omega_k t)^2$$

$$= \frac{4\sigma^2}{n^2}\sum_{t=1}^n (\cos\omega_k t)^2 = \frac{4\sigma^2}{n^2} \cdot \frac{n}{2} = \frac{2\sigma^2}{n}$$

这里利用了 a_k 和 $a_j(k \neq j)$ 独立的事实。因此当 $k=1,2,\cdots,[(n-1)/2]$ 时, a_k 是 $i.i.d. N(0, 2\sigma^2/n)$,而此时 $na_k^2/2\sigma^2$ 是自由度为 1 的 $i.i.d. \chi^2$。类似地,当 $k=1,2,\cdots,[(n-1)/2]$ 时, $nb_k^2/2\sigma^2$ 是自由度为 1 的 $i.i.d. \chi^2$。进而,对于 $k=1,2,\cdots,[(n-1)/2]$ 和 $j=1,2,\cdots,[(n-1)/2]$, $na_k^2/2\sigma^2$ 和 $na_j^2/2\sigma^2$ 是独立的,这是因为由正弦和余弦的正交性,可得如下公式:

$$Cov(a_k, b_j) = \frac{4}{n^2} E\left(\sum_{t=1}^n Z_t \cos\omega_k t \cdot \sum_{u=1}^n Z_u \sin\omega_j u\right)$$

$$= \frac{4}{n^2}\left[\sum_{t=1}^n E(Z_t^2)\cos\omega_k t \cdot \sin\omega_j t\right]$$

$$= \frac{4\sigma^2}{n^2}\sum_{t=1}^n \left[\cos\omega_k t \cdot \sin\omega_j t\right]$$

$$= 0 \quad \text{对于所有的 } k \text{ 和 } j \text{ 成立} \tag{5.1.5}$$

于是得知,周期图的纵坐标

$$\frac{I(\omega_k)}{\sigma^2} = \frac{n}{2\sigma^2}(a_k^2 + b_k^2) \tag{5.1.6}$$

当 $k = 1, 2, \cdots, [(n-1)/2]$ 时是自由度为 2 的 $i.i.d.\chi^2$。利用同样的推理,显然,$\frac{I(0)}{\sigma^2}$ 和 $\frac{I(\pi)}{\sigma^2}$(n 为偶数)是自由度为 1 的 $i.i.d.\chi^2$。有了对于 $I(\pi)$ 的修正。

假设时间序列可以表示为:

$$Z_t = a_0 + a_k \cos\omega_k t + b_k \sin\omega_k t + e_t \tag{5.1.7}$$

其中,$\omega_k = 2\pi k/n, k \neq 0, e_t$ 是 $i.i.d. N(0, \sigma^2)$。为了检验前面(5.1.7)中的假设,等价于检验表 5-1 中的检验:

$$H_0: a_k = b_k = 0 \quad vs. \quad H_1: a_k \neq 0 \text{ 或 } b_k \neq 0$$

利用统计检验量

$$\begin{aligned}
F &= \frac{\left[n(a_k^2 + b_k^2)/2\right]/2}{\left[\sum_{\substack{j=1\\j\neq k}}^{[n/2]} n(a_j^2 + b_j^2)/2\right]/(n-3)} \\
&= \frac{(n-3)(a_k^2 + b_k^2)}{2\sum_{\substack{j=1\\j\neq k}}^{[n/2]}(a_j^2 + b_j^2)}
\end{aligned} \tag{5.1.8}$$

该统计量服从自由度为 2 和 $(n-3)$ 的 $F(2, n-3)$ 分布。更一般地,我们可以考虑序列是否包含 m 个周期分量,只需假设模型为:

$$Z_t = a_0 + \sum_{i=1}^{m}(a_{k_i}\cos\omega_{k_i}t + b_{k_i}\sin\omega_{k_i}t) + e_t \tag{5.1.9}$$

这里 e_t 是 $i.i.d. N(0, \sigma^2)$,$\omega_{k_i} = 2\pi k_i/n$,而集合 $I = \{k_i: i = 1, 2, \cdots, m\}$ 是 $\{k: k = 1, 2, \cdots, [n/2]\}$ 的子集。对应的检验统计量:

$$F = \frac{(n - 2m - 1)\sum_{i=1}^{m}(a_{k_i}^2 + b_{k_i}^2)}{2m\sum_{j \notin I}(a_j^2 + b_j^2)} \tag{5.1.10}$$

服从自由度为 $2m$ 和 $(n-2m-1)$ 的 $F(2m,n-2m-1)$ 分布。

5.2 样本谱

本节我们考察具有绝对可和自协方差时间序列的谱估计。已知谱为:

$$f(\omega) = \frac{1}{2\pi} \sum_{k=-\infty}^{\infty} \gamma_k e^{-i\omega k} \tag{5.2.1a}$$

$$= \frac{1}{2\pi}\left(\gamma_0 + 2\sum_{k=1}^{\infty} \gamma_k \cos\omega k\right), \quad -\pi \leq \omega \leq \pi \tag{5.2.1b}$$

以样本数据为基础,很自然地用样本自协方差 $\hat{\gamma}$ 代替理论自协方差 γ_k 以估计 $f(\omega)$。然而,对于一个给定的 n 样本时间序列,我们只能计算 $\hat{\gamma}_k, k=0,1,2,\cdots,(n-1)$,因此,估计 $f(\omega)$ 只能用

$$\hat{f}(\omega) = \frac{1}{2\pi} \sum_{k=-(n-1)}^{(n-1)} \hat{\gamma}_k e^{-i\omega k} \tag{5.2.2a}$$

$$= \frac{1}{2\pi}\left(\hat{\gamma}_0 + 2\sum_{k=1}^{n-1} \gamma_k \cos\omega k\right) \tag{5.2.2b}$$

并称为样本谱。我们有

$$\lim_{x\to\infty} E\left(\hat{f}(\omega)\right) = f(\omega) \tag{5.2.3}$$

因此,$\hat{f}(\omega)$ 是渐近无偏的。

我们注意到:

$$I(\omega_k) = \frac{n}{2}\left(a_k^2 + b_k^2\right)$$

$$= \frac{n}{2}(a_k - ib_k)(a_k + ib_k)$$

$$= \frac{n}{2}\left[\frac{2}{n}\sum_{t=1}^{n} Z_t(\cos\omega_k t - i\sin\omega_k t)\right]\left[\frac{2}{n}\sum_{t=1}^{n} Z_t(\cos\omega_k t + i\sin\omega_k t)\right]$$

$$= \frac{2}{n}\left[\sum_{t=1}^{n} Z_t e^{-i\omega k}\right]\left[\sum_{t=1}^{n} Z_t e^{i\omega k}\right]$$

$$= \frac{2}{n}\left[\sum_{t=1}^{n} (Z_t - \bar{Z}) e^{-i\omega_k t}\right]\left[\sum_{t=1}^{n} (Z_t - \bar{Z}) e^{i\omega_k t}\right]$$

$$= \frac{2}{n}\sum_{t=1}^{n}\sum_{s=1}^{n} (Z_t - \bar{Z})(Z_s - \bar{Z}) e^{-i\omega_k (t-s)} \qquad (5.2.4)$$

其中,我们必须用到 $\sum_{t=1}^{n} e^{i\omega_k t} = \sum_{t=1}^{n} e^{-i\omega_k t} = 0$ 这一公式。

由于

$$\hat{\gamma}_j = \frac{1}{n}\sum_{t=1}^{n-j} (Z_t - \bar{Z})(Z_{t+j} - \bar{Z})$$

在式(5.2.4)中,令 $j = t - s$,我们得到

$$I(\omega_k) = 2\sum_{j=-(n-1)}^{n-1} \hat{\gamma}_j e^{i\omega_k j} \qquad (5.2.5a)$$

$$= 2\left(\hat{\gamma}_0 + 2\sum_{j=1}^{n-1} \gamma_j \cos\omega_k j\right) \qquad (5.2.5b)$$

现在,由式(5.2.2b),我们有

$$\hat{f}(\omega_k) = \frac{1}{4\pi} I(\omega_k), \quad k = 1, 2, \cdots, [n/2] \qquad (5.2.6)$$

我们注意到,当 n 为偶数时,$\hat{f}(\omega_{n/2}) = I(\omega_{n/2})/2\pi = na_{n/2}^2/2\pi$。

若 Z_t 是 0 均值、常值方差为 σ^2 的白噪声序列,于是便得到 $\hat{f}(\omega), k = 1, \cdots, [(n-1)/2]$ 是独立的,且同分布于 $(\sigma^2/4\pi)\chi^2(2) = (\sigma^2/2\pi)\chi^2(2)/2$,我们看到

$$\hat{f}(\omega) \sim \frac{\sigma^2}{2\pi}\frac{\chi^2(2)}{2} \qquad (5.2.7)$$

其中,χ^2 是自由度为 2 的 χ^2 分布。我们注意到,式(5.2.7)中的 $\sigma^2/2\pi$ 是 Z_t 的谱按照同样的推理,一般可以证明,若 Z_t 是 $f(\omega)$ 具有谱的高斯过

程,则

$$\hat{f}(\omega_k) \sim f(\omega_k)\frac{\chi^2(2)}{2} \quad (5.2.8)$$

于是有

$$E\left(\hat{f}(\omega_k)\right) = E\left[f(\omega_k)\frac{\chi^2(2)}{2}\right] = f(\omega_k) \quad (5.2.9)$$

和

$$Var\left(\hat{f}(\omega_k)\right) = Var\left[f(\omega_k)\frac{\chi^2(2)}{2}\right] = \left[f(\omega_k)\right]^2 \quad (5.2.10)$$

该式不依赖于样本量 n。我们有

$$Cov\left[\hat{f}(\omega_k), f(\omega_j)\right] = 0 \quad (5.2.11)$$

如图 5-1 所示,不论样本量多少,频率的形态都差不多。为了修正样本的这些不良性质,人们尝试去平滑周期图和样本谱。

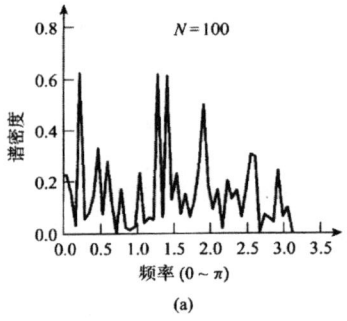
(a)

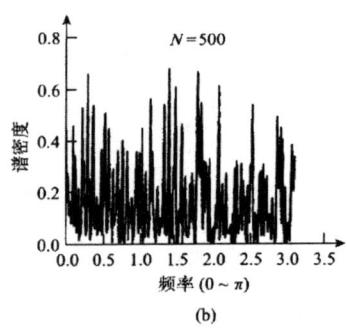
(b)

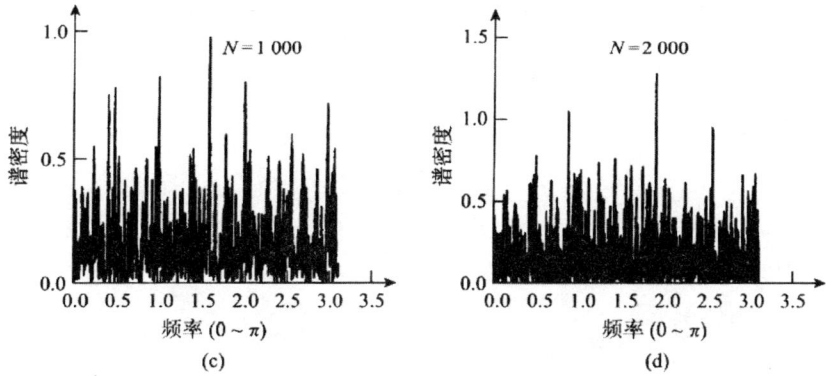

图 5-1 白噪声过程的样本谱

5.3 平滑谱

5.3.1 在频率域平滑:谱窗

为了减少样本谱的方差,很自然的办法就是在所考察谱值的领域内局部地平滑样本谱。换言之,谱估计是目标频率 ω_k 左右 m 个值加权平均所得的平滑谱,其公式为

$$\hat{f}(\omega_k) = \sum_{j=-m_n}^{m_n} W_n(\omega_j) f(\omega_k - \omega_j) \quad (5.3.1)$$

其中,$\omega_k = 2\pi k/n, k = 0, \pm 1, \pm 2, \cdots, \pm [n/2]$ 是傅里叶频率,n 是样本量,$W_n(\omega_j)$ 是权函数,且具有如下性质:

$$\sum_{j=-m_n}^{m_n} W_n(\omega_j) = 1 \quad (5.3.2)$$

$$W_n(\omega_j) = W_n(-\omega_j) \quad (5.3.3)$$

及

$$\lim_{n \to \infty} \sum_{j=-m_n}^{m_n} W_n^2(\omega_j) = 0 \quad (5.3.4)$$

权函数 $W_n(\omega_j)$ 称为谱窗,如果 $f(\omega)$ 在窗中比较平坦,则有

$$E\left[\hat{f}_\omega(\omega_k)\right] = \sum_{j=-m_n}^{m_n} W_n(\omega_j) E\left[f_\omega(\omega_k-\omega_j)\right]\sqrt{b^2-4ac}$$

$$\simeq f(\omega_k) \sum_{j=-m_n}^{m_n} W_n(\omega_j) = f(\omega_k) \tag{5.3.5}$$

由式(5.2.10)还有

$$Var\left[\hat{f}_W(\omega_k)\right] \simeq \sum_{j=-m_n}^{m_n} W_n^2(\omega_j)\left[f(\omega_k)\right]^2$$

$$\simeq \left[f(\omega_k)\right]^2 \sum_{j=-m_n}^{m_n} W_n^2(\omega_j) \tag{5.3.6}$$

我们可以将一般的平滑谱写出如下的积分形式:

$$\hat{f}_W(\omega_k) = \int_{-\pi}^{\pi} W_n(\lambda) f(\omega-\lambda) d\lambda \tag{5.3.7}$$

$$= \int_{-\pi}^{\pi} W_n(\omega-\lambda) \hat{f}(\lambda) d\lambda \tag{5.3.8}$$

其中,$W_n(\lambda)$ 是谱窗,且满足下面条件:

$$\int_{-\pi}^{\pi} W_n(\lambda) d\lambda = 1 \tag{5.3.9}$$

$$W_n(\lambda) = W_n(-\lambda) \tag{5.3.10}$$

$$\lim_{n\to\infty} \frac{1}{n} \int_{-\pi}^{\pi} W_n^2(\lambda) d\lambda = 0 \tag{5.3.11}$$

如果谱在谱窗的带宽中近似为常数,那么由式(5.3.9)可得

$$E\left[\hat{f}_W(\omega)\right] \simeq f(\omega) \tag{5.3.12}$$

对于方差而言,我们注意到式(5.3.8)可以用以下和式近似

$$\hat{f}_W(\omega) \simeq \frac{2\pi}{n} \sum_{k=-[n/2]}^{[n/2]} W_n(\omega-\omega_k) f(\omega_k) \tag{5.3.13}$$

其中,$\omega_k = 2\pi k/n$。于是

$$Var\left(\hat{f}_W(\omega_k)\right) \simeq \left(\frac{2\pi}{n}\right)^2 f^2(\omega) \sum_{k=-[n/2]}^{[n/2]} W_n^2(\omega - \omega_k)$$

$$\simeq \frac{2\pi}{n} f^2(\omega) \sum_{k=-[n/2]}^{[n/2]} W_n^2(\omega - \omega_k) \frac{2\pi}{n}$$

$$\simeq \frac{2\pi}{n} f^2(\omega) \int_{-\pi}^{\pi} W_n^2(\lambda) d\lambda \qquad (5.3.14)$$

由条件(5.3.11)可知,当 $n \to \infty$ 时,$Var\left[\hat{f}_W(\omega_k)\right] \to 0$。因此,$\hat{f}_W(\omega_k)$ 是 $f(\omega)$ 的一致估计。

5.3.2 时域中的平滑:延迟窗

注意到,谱 $f(\omega)$ 是自协方差函数 γ_k 的傅里叶变换,因此,由式(5.2.2a)知,作为谱平滑的替代形式,可以用权函数 $W(k)$ 对于样本自协方差函数平滑,即

$$\hat{f}_W(\omega) \simeq \frac{1}{2\pi} \sum_{k=-(n-1)}^{n-1} W(k)\hat{\gamma}_k e^{-i\omega k} \qquad (5.3.15)$$

由于样本自协方差函数 $\hat{\gamma}_k$ 是对称的,且当 k 较大时,$\hat{\gamma}_k$ 不可靠,因而权函数 $W(k)$ 也应取为对称的,并与 k 的量值成反比。因此,我们可得

$$\hat{f}_W(\omega) = \frac{1}{2\pi} \sum_{k=-M}^{M} W_n(k)\hat{\gamma}_k e^{-i\omega k} \qquad (5.3.16)$$

这里,权函数 $W_n(k)$ 选为绝对可和序列,且

$$W_n(k) = W\left(\frac{k}{M}\right) \qquad (5.3.17)$$

通常是由有界连续偶函数 $W(x)$ 得出的,该函数满足

$$|W(x)| \leq 1$$
$$W(x) = W(-x)$$
$$W(x) = 0, |x| > 1 \qquad (5.3.18)$$

$W_n(k)$ 称为延迟窗。

$\hat{f}(\lambda)$ 逆傅里叶变换为

$$\hat{\gamma}_k = \int_{-\pi}^{\pi} f(\lambda)e^{i\lambda k}d\lambda \quad k=0, \pm 1, \cdots, \pm(n-1) \qquad (5.3.19)$$

因此

$$\hat{f}_W(\omega) = \frac{1}{2\pi}\sum_{k=-M}^{M} W_n(k)\hat{\gamma}_k e^{-i\omega k}$$

$$= \frac{1}{2\pi}\sum_{k=-M}^{M} W_n(k)\int_{-\pi}^{\pi} \hat{f}(\lambda)e^{i\lambda k}e^{-i\omega k}d\lambda$$

$$= \int_{-\pi}^{\pi} \frac{1}{2\pi}\sum_{k=-M}^{M} W_n(k)e^{-i(\omega-\lambda)k}\hat{f}(\lambda)d\lambda$$

$$= \int_{-\pi}^{\pi} W_n(\omega-\lambda)\hat{f}(\lambda)d\lambda$$

$$= \int_{-\pi}^{\pi} W_n(\lambda)\hat{f}(\omega-\lambda)d\lambda \qquad (5.3.20)$$

$$W_n(\omega) = \frac{1}{2\pi}\sum_{k=-M}^{M} W_n(k)e^{-i\omega k} \qquad (5.3.21)$$

是谱窗。由式(5.3.21)显然可知:谱窗是延迟窗的傅里叶变换,延迟窗是谱窗的逆傅里叶变换,即

$$W_n(k) = \int_{-\pi}^{\pi} W_n(\omega)e^{i\omega k}d\omega, \quad k=0, \pm 1, \cdots, \pm M \qquad (5.3.22)$$

因此,延迟窗和谱窗构成一对傅里叶变换,其中的一个被另一个唯一确定。

由 Parseval 公式

$$\sum_{k=-M}^{M} W_n^2(k) = 2\pi\int_{-\pi}^{\pi} W_n^2(\omega)d\omega \qquad (5.3.23)$$

因此

$$Var\left[\hat{f}_W(\omega_k)\right] \simeq \frac{1}{n}f^2(\omega)\sum_{k=-M}^{M} W_n^2(k) \qquad (5.3.24)$$

由于延迟窗通常由式(5.3.18)给出的有界连续偶函数得出,我们有

$$\sum_{k=-M}^{M} W_n^2(k) = \sum_{k=-M}^{M} W^2\left(\frac{k}{M}\right)$$

$$= M \sum_{k=-M}^{M} W^2\left(\frac{k}{M}\right) \cdot \frac{1}{M}$$

$$\simeq M \int_{-1}^{1} W^2(x) dx \qquad (5.3.25)$$

于是

$$Var\left[\hat{f}_W(\omega_k)\right] \simeq \frac{M}{n} f^2(\omega) \int_{-1}^{1} W^2(x) dx \qquad (5.3.26)$$

5.4 ARMA 谱估计

对于给定的时间序列 $Z_1, Z_2, \cdots, Z_n$,为了近似未知的基本过程,我们可以用一个 $AR(p)$ 模型:

$$\left(1 - \phi_1 B - \cdots - \phi_p B^p\right)\dot{Z}_t = a_t \qquad (5.4.1)$$

设 $\hat{\phi}_1, \hat{\phi}_2, \cdots, \hat{\phi}_p$ 和 $\hat{\sigma}_a^2$ 是 $\phi_1, \phi_2, \cdots, \phi_p$ 和 σ_a^2 的估计。进行谱估计的一个合理的替代办法是:将这些参数估计值代入到 $AR(p)$ 模型谱的理论表达式中:

$$\hat{f}_A(\omega) = \frac{\hat{\sigma}_a^2}{2\pi} \frac{1}{\hat{\hat{\phi}}_p(e^{-i\omega})\phi_p(e^{i\omega})} \qquad (5.4.2)$$

其中 $\hat{\hat{\phi}}_p(e^{-i\omega}) = \left(1 - \hat{\phi}_1 e^{-i\omega} - \cdots - \hat{\phi}_p e^{-ip\omega}\right)$。这种通过 AR 近似的谱估计方法通常称为自回归谱估计。

对于数值较大的 n,$Parzen(1974)$ 证明了:

$$Var\left[\hat{f}_A(\omega)\right] \simeq \frac{2pf^2(\omega)}{n} \qquad (5.4.3)$$

因此,为了控制方差,逼近过程所选取的阶数 p 将不会太大。

更一般地,我们可以用一个 $ARMA(p,q)$ 模型去近似未知过程:

$$(1-\phi_1 B-\cdots-\phi_p B^p)(Z_t-\mu)=(1-\theta_1 B-\cdots-\theta_q B^q)a_t \qquad (5.4.4)$$

设 $\hat{\phi}_1,\hat{\phi}_2,\cdots,\hat{\phi}_p,\hat{\theta}_1,\hat{\theta}_2,\cdots\hat{\theta}_q$ 和 $\hat{\sigma}_a^2$ 是 $\phi_1,\phi_2,\cdots\phi_p,\theta_1,\theta_2,\cdots\theta_q$ 和 σ_a^2 的估计。基本过程的谱可以用下式估计:

$$\hat{f}_A(\omega)=\frac{\hat{\sigma}_a^2}{2\pi}\frac{\hat{\theta}_q(e^{-i\omega})\theta_q(e^{i\omega})}{\hat{\phi}_p(e^{-i\omega})\phi_p(e^{i\omega})} \qquad (5.4.5)$$

其中

$$\hat{\hat{\phi}}_p(e^{-i\omega})=(1-\phi_1 e^{-i\omega}-\cdots-\phi_p e^{-ip\omega})$$

和

$$\hat{\hat{\theta}}_q(e^{-i\omega})=(1-\theta_1 e^{-i\omega}-\cdots-\theta_q e^{-iq\omega})$$

上式被称为 $ARMA$ 谱估计。

第 6 章

小波分析基础

小波变换具有其他分析方法所无法比拟的优势,即多尺度分析特性,它克服了传统的信号分析方法时域和频域不能兼顾的缺点。虽然傅里叶变换能够把时域的时间序列变换到频域,但只能从时域或频域角度单独分析时间序列而无法做到有机结合,小波变换却可以从时域和频域两个角度同时分析经济时间序列。小波分析在信号处理中的时域和频域同时具有良好的局部化性质,能够抓住研究对象的局部和细节,被人们称为"数学显微镜",即能适当地选择尺度参数和平移参数。往往在低频部分具有较高的频率分辨率和较低的时间分辨率,而在高频部分具有较高的时间分辨率和较低的频率分辨率,因此小波变换在时域和频域能够准确描述变量特征。

关于小波分析的研究。Morlet(1982)首先提出平移伸缩的小波公式用于地质勘探,Daubechies(1988)最早给出了一维具有紧支撑的正交小波的构造方法,Mallat(1988)提出的多分辨度分析理论,此后形成小波研究的高潮[比如,董直庆和王林辉(2008)、张宗新和张雪娇(2011)和肖强等(2013)等]。

本章简单地阐述了以下几个方面的内容:一维多尺度分析的定义、一维 Daubechies 小波、B - 样条函数、Battle - Lemarie 小波族及其一些有用性质和小波分解及重构等。

6.1 一维多尺度分析的定义

定义 6.1 设 $\{V_m\}_{m\in Z}$ 是 $L^2(\mathbf{R})$ 的一串闭子空间，称 $\{V_m\}_{m\in Z}$ 是 $L^2(\mathbf{R})$ 的一个(二进)多尺度分析，如果

(i) $\cdots \subset V_2 \subset V_1 \subset V_0 \subset V_{-1} \subset V_{-2} \subset \cdots$

$$\bigcap V_m = \{0\}, \qquad \overline{\bigcup_{m\in Z} V_m} = L^2(\mathbf{R}) \tag{6.1.1}$$

(ii) $f(x) \in V_m \Leftrightarrow f(2x) \in V_{m-1}$ \hfill (6.1.2)

(iii) $f(x) \in V_m \Rightarrow f(x-n) \in V_m, \quad n \in \mathbf{Z}$ \hfill (6.1.3)

(iv) 存在函数 $g(x) \in V_m$，使得 $\{g(x-n)\}_{n\in Z}$ 构成 V_m 的一组 Riesz 基，即存在两个正常数 A 和 B，对于任意的 $\{C_n\}_{n\in Z} \in l^2$ 有

$$A\sum_n |C_n|^2 \leq \|\sum_n C_n g(x-n)\|^2 \leq B\sum_n |C_n|^2 \tag{6.1.4}$$

一般的可表示 V_m 为

$$V_m = \mathbf{Span}\{\phi_{mn}; n \in \mathbf{Z}\}$$

其中

$$\phi_{mn}(x) = 2^{-\frac{m}{2}} \phi(2^{-m}x - n), \quad n \in \mathbf{Z}$$

若 $\{\phi(x-n)\}_{n\in Z}$ 构成 V_0 的 Riesz 基，且这样定义的 $L^2(\mathbf{R})$ 的闭子空间列 $\{V_m\}_{m\in Z}$ 满足多尺度分析的定义(即 $\{V_m\}_{m\in Z}$ 构成了 $L^2(\mathbf{R})$ 一个多尺度分析)，就称 $\phi(x)$ 生成多尺度分析 $\{V_m\}_{m\in Z}$ 的一个尺度函数。

6.2 一维 Daubechies 小波

Daubechies 小波主要强调了尺度函数 $\phi(x)$ 生成的 $\{\phi(x-n)\}_{n\in Z}$ 构成

V_0 的一组规范正交基。

设以下总有 $\{2^{-\frac{m}{2}}\phi(2^{-m}x-n)\}_{n\in Z}$ 为 V_m 的一组规范正交基。

根据(6.1)式,可知 $2^{-\frac{1}{2}}\phi(2^{-1}x)\in V_1$,则 $2^{-\frac{1}{2}}\phi(2^{-1}x)\in V_0$ 于是有[9]

$$2^{-\frac{1}{2}}\phi(\frac{x}{2}) = \sum_{n=-\infty}^{+\infty} h_n\phi(x-n) \quad (6.2.1)$$

这称为尺度函数的二进尺度关系,$\{h_n\}_{n\in Z}$ 称为频率响应。其中[9]

$$h_n = 2^{-\frac{1}{2}}\int_{-\infty}^{+\infty}\phi(\frac{x}{2})\phi(x-n)dx \quad (6.2.2)$$

由(6.2.1)式两端经过 Fourier 变换,可得[7][9]

$$\phi^{\wedge}(\omega) = m_0(\frac{1}{2}\omega)\phi^{\wedge}(\frac{1}{2}\omega) \quad (6.2.3)$$

其中[9]

$$m_0(\omega) = 2^{-\frac{1}{2}}\sum_{n\in Z}h_n e^{-in\omega} \quad (6.2.4)$$

称为共轭滤波器。

由于 $V_m \subset V_{m-1}$,让

$$V_{m-1} = V_m \oplus W_m, \quad W_m = V_m^{\perp} \quad (6.2.5)$$

亦即

$$V_{m-1} = \bigoplus_{j=\infty}^{m} W_j$$

所以

$$L^2(R) = \bigoplus_{m=-\infty}^{+\infty} W_m$$

如果存在 $\psi(x)\in L^2(R)$,使得

$$W_m = \text{Span}\{\psi_{mn}; n\in Z\}$$

其中

$$\psi_{mn}(x) = 2^{-\frac{m}{2}} \psi(2^{-m}x - n) \tag{6.2.6}$$

我们称 $\psi(x)$ 是对应于尺度函数 $\phi(x)$ 的基本小波，V_m 与 W_m 分别称为尺度水平 m 上的尺度空间与小波空间。

若 $2^{-\frac{1}{2}}\psi(\frac{x}{2}) \epsilon W_1$，则有 $2^{-\frac{1}{2}}\psi(\frac{x}{2}) \epsilon V_0$。于是有

$$2^{-\frac{1}{2}}\psi(\frac{x}{2}) = \sum_{n=-\infty}^{+\infty} g_n \phi(x-n) \tag{6.2.7}$$

其中

$$g_n = 2^{-\frac{1}{2}} \int_{-\infty}^{+\infty} \psi(\frac{x}{2})\phi(x-n)dx$$

由(6.11)式两边经过 Fourier 变换，可得

$$\psi^{\wedge}(\omega) = G(\frac{\omega}{2})\phi^{\wedge}(\frac{\omega}{2}) \tag{6.2.8}$$

其中

$$G(\frac{\omega}{2}) = 2^{-\frac{1}{2}} \sum_{n=-\infty}^{+\infty} g_n e^{-in\omega/2}$$

6.3　B-样条函数简述

本小节概括地叙述了 B-样条的定义及一部分主要特性，作为以后 Daubechies 样条小波的基础。

设 $\Phi_0(x)$ 为区间 $[-\frac{1}{2}, \frac{1}{2}]$ 上的特征函数：

$$\Phi_0(x) = \begin{cases} 1, & x \in [-\frac{1}{2}, \frac{1}{2}], \\ 0 & |x| > \frac{1}{2}. \end{cases}$$

用下面卷积公式定义函数：

$$\Phi_n(x) = \int_{-\infty}^{+\infty} \Phi_{n-1}(t)\Phi_0(x-t)dt = \int_{-\infty}^{+\infty} \Phi_{n-1}(x-t)\Phi_0(t)dt$$

称为 n 次 B – 样条。由以上两式可得

$$\Phi_1(x) = \begin{cases} 0, & |x| \geq 1, \\ 1-|x|, & |x| < 1; \end{cases}$$

$$\Phi_2(x) = \begin{cases} 0, & |x| \geq \frac{3}{2}, \\ -x^2 + \frac{3}{4} & |x| < \frac{1}{2}, \\ \frac{1}{2}x^2 - \frac{3}{2}|x| + \frac{9}{8} & \frac{1}{2} \leq |x| \leq \frac{3}{2}. \end{cases}$$

对任意的 n 次的情况,都可以这样分段写出 $\Phi_n(x)$ 的表达式,只是随着 n 的变大而越来越复杂。

$\Phi_n(x)$ 有下列常用的性质:

(1) 紧凑性 $\Phi_n(x)$ 以区间 $[-\frac{n+1}{2}, \frac{n+1}{2}]$ (2) 为紧支集,$\Phi_n(x)$ 在此区间外处处为零。

(2) 分段光滑性 $\Phi_n(x)$ 是一个分段 n 次多项式,在 n + 1 个区间 $[-\frac{n+1}{2}, \frac{n+1}{2} + 1], \cdots, [\frac{n-1}{2}, \frac{n+1}{2}]$ 上有不同的表达式,在整个实数轴上 $\Phi_n(x) \in C^{n-1}(-\infty, +\infty)$

(3) 积分递推公式成立

$$\Phi_n(x) = \int_{x-\frac{1}{2}}^{x+\frac{1}{2}} \Phi_{n-1}(t)dt, n = 1, 2, \cdots.$$

(4) 从几何上看,$\Phi_n(x)$ 是单峰式的对称山丘状函数,以 x = 0 为唯一的极大值点。当 n 增大时,图像渐趋平坦。

(5) 积分值 $\int_{-\infty}^{+\infty} \Phi_n(x)dx = 1, n = 1, 2, \cdots$; $\sum_{k=-\infty}^{+\infty} \Phi_n(x+k) = 1, -\infty < x < +\infty$;

$\Phi_n'(x) = \Phi_{n-1}(x + \frac{1}{2}) - \Phi_{n-1}(x - \frac{1}{2})$。

(6) $\Phi_n(x)$ 的 Fourier 变换与逆变换为

$$\Phi_n(x) = \frac{1}{2\pi} \int_{-\infty}^{+\infty} \hat{\Phi}_n(\omega) e^{i\omega x} d\omega,$$

$$\hat{\Phi}_n(\omega) = \int_{-\infty}^{+\infty} \Phi_n(x) e^{-i\omega x} dx = \left[\frac{\sin(\omega/2)}{\omega/2}\right]^{n+1}。$$

6.4 Battle–Lemarie 小波族的一些性质

为了更好地说明 Daubechies 样条小波对应的尺度函数和小波函数具有指数型的衰减性。以下首先讨论如何由 V_0 的一个 Riesz 基 $\{\phi(x-k)\}_{k\in Z}$ 为 V_0 构造一个规范正交基；然后简单介绍了 Battle–Lemarie 小波族的一些有用性质。

首先定义 $\{\phi(x-k)\}_{k\in Z}$ 是 V_0 上的一个 Riesz 基，当且仅当 $\{\phi(x-k)\}_{k\in Z}$ 展成 V_0，而且对于任意的 $\{C_k\}_{k\in Z} \in l^2$ 均有类似于(6.4)式成立，即

$$A\sum_k |C_k|^2 \leq \|\sum_k C_k \phi(x-k)\|^2 \leq B\sum_k |C_k|^2 \qquad (6.4.1)$$

因为

$$\|\sum_k C_k \phi(x-k)\|^2 = \int_0^{2\pi} |\sum_k C_k e^{-ik\xi} \hat{\phi}(\xi)|^2 d\xi$$

$$\int_0^{2\pi} |\sum_k C_k e^{-ik\xi}|^2 \sum_{l\in Z} |\hat{\phi}(\xi+2\pi l)|^2 d\xi$$

以及

$$\sum_k |C_k|^2 = (2\pi)^{-1} \int_0^{2\pi} |\sum_k C_k e^{-ik\xi}|^2 d\xi$$

故式(6.13)可等价为

$$0 < (2\pi)^{-1} A \leq \sum_l |\hat{\phi}(\xi+2\pi l)|^2 \leq (2\pi)^{-1} B < +\infty \quad (a.e.) \qquad (6.4.2)$$

于是可定义 $\phi^{\#} \epsilon L^2(R)$ 如下

$$\phi^{\#\wedge}(\xi) = (2\pi)^{-\frac{1}{2}}[\sum_l |\phi^{\wedge}(\xi+2\pi l)|^2]^{-\frac{1}{2}}\phi^{\wedge}(\xi) \quad (6.4.3)$$

明显地,$\sum_l |\phi^{\#\wedge}(\xi+2\pi l)|^2 = (2\pi)^{-1} (a.e.)$。这表明 $\phi^{\#}(x-k)$ 是 $V_0^{\#}$ 上的规范正交基。另一方面,空间 $V_0^{\#}$ 可由 $\phi^{\#}(x-k)$ 展成,即

$$V_0^{\#} = \{f; f = \sum_n f_n^{\#}\phi^{\#}(x-n), (f_n^{\#})_{n\in Z} \in l^2\}$$

$$= \{f; f^{\wedge} = v\phi^{\#\wedge}, v \in L^2([0,2\pi])\}\text{(且 }v\text{ 以 }2\pi\text{ 为周期)}$$

$$= \{f; f = \sum_n f_n\phi(x-n), (f_n)_{n\in Z} \in l^2\}$$

$$= V_0\text{(因为 }\phi(x-n)\text{ 为 }V_0\text{ 的 Riesz 基)}$$

以下介绍 Battle – Lemarie 小波族的一些有用的性质。Battle – Lemarie 小波族与由样条函数空间构成的多尺度分析相联系,对每种情况均选择具有整数结点 B – 样条作为原始尺度函数。

Battle – Lemarie 小波族中的尺度函数 $\phi^{\#}(x)$ 是由 B – 样条作为原始尺度函数 $\phi(x)$ 利用式(6.16)进行正交化处理得到。

一般地,若 $\phi(x)$ 是一个 N 次 B – 样条(在此仅考虑 N 为奇数),则

$$\phi^{\wedge}(\xi) = (2\pi)^{-\frac{1}{2}}[\frac{\sin(\xi/2)}{\xi/2}]^{N+1} \quad (6.4.4)$$

且 $\phi(x)$ 满足 $\int_{-\infty}^{+\infty} \phi(x)dx = 1$,以及

$$\phi(x) = 2^{-2M-1}\sum_{j=0}^{2M+2}\binom{2M+2}{j}\phi(2x-M-1+j) \quad N = 2M+1$$

对于任意给定的 N,可写出 $\sum_{l\in Z}|\phi^{\wedge}(\xi+2\pi l)|^2$ 的显示表达式,而且 $\phi(x)$ 均满足

$$\phi(x) = \sum_n C_n\phi(2x-n)$$

其中 $\sum_n |C_n|^2 < +\infty$；且有

$$0 < \alpha \le \sum_{l\in Z} |\phi^{\wedge}(\xi + 2\pi l)|^2 \le \beta \ (a.e.)$$（其中 $0 < \alpha, \beta < +\infty$）

(注:以上两式是 $\{\phi_m n; n\epsilon Z\}$ 为 V_m（$m\epsilon Z$（m 固定）上的 Riesz 基的充要条件。)

由参考文献知，$\phi(x)$ 以 $x = 0$ 为对称轴，而且 $\phi(x - n)$ 均不正交，需用式(6.15)进行正交化处理。其结果是，对于所有的 Battle – Lemarie 小波族均满足：$Supp\phi^{\#} = R = Supp\psi$；正交的 $\phi^{\#}(x)$ 与非正交的 $\phi(x)$ 有相同的对称轴，小波函数 $\psi(x)$ 的对称轴均为 $x = 1/2$。尽管 $Supp\phi^{\#}$ 和 $Supp\psi$ 延伸至整个 x 轴，但 $\phi^{\#}(x)$ 和 $\psi(x)$ 均有非常好(指数型)的衰减性。为说明这一点，我们引入如下定理。

定理 6.1 设 $\phi(x)$ 具有指数型衰减特性：$|\phi(x)| \le Ce^{-\gamma|x|}$，且对给定的 $\alpha: 0 < \alpha \le \gamma$，有

$$\underset{|\beta|\le\alpha}{Sup} |(e^{\beta}\phi)\wedge(\xi)| \le C(1+|\xi|)^{-1-\varepsilon}$$

并假定 $0 < \alpha \le \sum_l |\phi^{\wedge}(\xi + 2\pi l)|^2$。定义 $\phi^{\#}(x)$ 如式(6.16)，则 $\phi^{\#}(x)$ 也有指数型的衰减特性。

推论 6.2 所有 Battle – Lemarie 小波 $\psi(x)$ 与对应的标准正交尺度函数 $\phi^{\#}(x)$ 均有指数型的衰减性。

6.5 信号的分解和重构过程

已知信号是离散时间序列 $f(n)$，直接利用原始信号 $f(n)$ 在各子空间 V_j 的正交投影 $f_j(n)$ 进行迭代计算，计算离散小波变换的 Mallat 算法的相应分解式：

$$f_j(n) = \sum_l \overline{h}_{l-2n} f_{j-1}(l), \quad c_{j,k} = \sum_l \overline{g}_{l-2k} f_{j-1}(l)$$

Mallat 算法的重构公式为：

$$f(n) = \sum_{j=1}^{J}\sum_{k \in Z} c_{j,k} \bar{g}_{n-2k} + \sum_{k \in Z} f_j(k) \bar{h}_{n-2k}$$

这样，小波变换就把一个信号 $f(n)$ 变换成尺度和分辨率不等的细节信号 $c_{j,k}$（小波系数）和一个尺度和分辨率都很低的逼近信号 $f_j(n)$。在合成时，首先要用尺度加倍运算把各尺度下的细节信号的尺度加倍，然后进行迭代，逐级将分辨率加倍，直到获得分辨率为 1 的原始信号。分析过程是进行离散小波变换，合成过程是进行逆小波变换。

第 7 章
核心通货膨胀率的构建及其相关分析

　　核心通货膨胀是从货币政策的角度进行界定的,一般将其定义为通货膨胀中持久的、潜在的部分。现有核心通货膨胀的度量方法不管是统计的还是基于模型的,主要都是针对消费者价格指数(CPI)进行分析的。虽然消费者价格指数反映了通货膨胀率的主要部分,但不是全部。所以为了得到核心通货膨胀率需要利用比 CPI 更多的价格信息。本章基于动态因子模型,利用状态空间模型,从我国 6 个综合价格指数中得到核心通货膨胀率,它反映了物价持久的和潜在的变动,可更好地为货币政策的制定提供依据。在此基础上,基于 LSTAR 模型描述了核心通货膨胀率,并对其非线性动态调整特征进行了分析。这为政府部门准确判断及预测我国物价的变动趋势,进而为制定并调整货币政策提供了科学依据。最后,利用动态因子模型从大量宏观变量中提取宏观共同因子,分别针对 CPI、核心通货膨胀率和 CPI 分类指数构建了包含货币政策工具和宏观共同因子的 FAVAR 模型,并运用脉冲响应函数刻画了货币政策工具对各个变量影响的动态特征。结果表明,与 VAR 模型相比,FAVAR 模型在货币政策效应分析中更有效。与 CPI 相比,货币当局更应该盯住核心通货膨胀率。CPI 分类指数对货币供给量脉冲的响应函数存在差异性。因此,货币当局为了使调控价格更针对性,需要关注货币政策对 CPI 分类指数影响的异质性特征。

第7章 核心通货膨胀率的构建及其相关分析

7.1 核心通货膨胀率的文献评述

目前各国中央银行普遍采用的通货膨胀指标是消费者价格指数(CPI)。由于CPI度量的是生活成本,因此CPI也是居民最关心的通货膨胀指标。然而,Mankiw和Reis(2003)发现将CPI作为货币政策的通货膨胀目标会导致产出剧烈波动。这些研究表明度量生活成本变化的CPI并不适合作为货币政策的通货膨胀目标。作为货币政策的通货膨胀目标,除了CPI通胀率之外,另一个备受关注的通货膨胀度量方法是核心通货膨胀(Core Inflation rate,记作CIR)。核心通货膨胀的概念是在20世纪70年代被提出的。

尽管核心通货膨胀被各国中央银行当做制定货币政策的依据,但是它的定义及如何最恰当地对其度量并没有得到共识。Friedman(1963)将其定义为"持续的通货膨胀",Quah和Vahey(1995)将其定义为通货膨胀中的长期成分,Cristadoro等(2005)将核心通货膨胀定义为CPI分类指数的长期共同的部分。Roger(1998)从货币政策的角度对核心通货膨胀进行界定,将其定义为通货膨胀中持久的、潜在的部分。

国外关于核心通货膨胀率度量的文献,主要包括两类度量方法:统计方法(剔除法、加权中位数法、修剪均值法和平滑法等)和基于模型的方法(SVAR模型和动态因子模型)。剔除法[Roger(1998)]是剔除构成CPI一篮子商品中短期内价格波动较大的商品后,重新分配剩余商品的权重所形成的价格指数作为核心通货膨胀。平滑技术法[Cogley(2002)等]是采用平滑或滤波的方法消除CPI中的高频噪声成分,主要包括简单移动平均法和Kalman滤波法等。Bryan和Cecchetti(1997)基于动态因子模型对核心通货膨胀进行估计,他们认为核心通货膨胀是CPI中各商品包含的共同变动趋势,但是这种趋势是不能够直接观测的。Quah和Vahey(1995)等使用结构向量自回归(SVAR)模型对核心通货膨胀进行估计。Cristadoro 等(2005)将核心通货膨胀定义为 CPI 分类指数的长期的、共同的部分,并测度了欧洲的核心通货膨胀率。

同样,在我国关于核心通货膨胀也有大量的研究成果。最早黄燕(2004)指出核心通货膨胀反映了一国经济中通货膨胀长期潜在的变化趋势,对于货币政策的制定、实施与评估具有重要的意义。并剔除了 CPI 分类指标中的食品后,采用加权中位数法度量了我国的核心通货膨胀。简泽(2005)认为现在被广泛用来测度通货膨胀的 RPI 或 CPI 及其对它的改进与通货膨胀的经济内容不一致,这就使得在这些方法下测度的通货膨胀不可能准确地反映实际通货膨胀的状况。于是,依据货币数量论提出了一种利用长期识别限制的 SVAR 模型来测度核心通货膨胀的新方法。在这个方法里,核心通货膨胀被定义为货币冲击引起的一般价格水平的变化。从向量自回归模型中识别出来的货币冲击和一般价格水平对货币冲击的反应函数被用来构造 RPI 或 CPI 变化率由货币冲击引起的成分,这样测度的核心通货膨胀与货币主义理论下通货膨胀的经济内容完全一致。范跃进和冯维江(2005)介绍了核心通货膨胀的基本含义及主要测算方法,并运用中国 1995—2004 年间的数据计算了我国的核心通货膨胀率,在此基础上进一步就核心通货膨胀与货币政策调控的有效性进行了讨论。龙革山等(2008)对比了已有的多种度量方法下的核心通货膨胀序列,发现不对称截尾法、中位数法得出的序列受食品类权重过大的影响,不适合作为我国的核心通货膨胀指标。并针对不对称截尾法、剔除法、共同趋势法和结构向量自回归法产生的序列的进一步研究中,发现它们都与 CPI 序列一样是一阶平稳的,虽然它们与 CPI 的相关系数很大,但是与 CPI 不存在协整关系。Granger 因果检验表明,除共同趋势法的序列是 CPI 的 Granger 原因外,其余序列与 CPI 不存在显著的 Granger 因果关系,但是都对 CPI 有一定程度的预测能力。王少平和谭本艳(2009)根据中国 CPI 篮子的 8 个分类指标,运用 Gonzalo 和 Granger 有关"协整—误差"修正模型的调节系数阵的正交分解技术度量中国的核心通货膨胀率,揭示其动态调整行为并基于此计算其惯性。结果表明,中国核心通货膨胀的平均水平和波动幅度均比标题通货膨胀大。中国核心通货膨胀的动态调整行为由 ARIMA 所描述,其惯性比标题通货膨胀大。谭屹然(2011)用小波方法建立了一种核心通货膨胀率的最新测量方法,并将该方法与目前常用方法作比较,结果显示该方法在测量中长期通货膨胀率时表现优异,并且在进行预测时效果优于部分常用方法。侯成琪等(2011)将经典的新凯恩斯模型推广到多部门情形,证明了多部门新凯恩斯菲利普斯曲线,提出了各部门商品价格变化的理论分解公式。以这个分解公式为理论基础,提出了估计核心通货膨胀的计量经济模型及其两阶段估计方法,给出了根据稳态权重估计核心通货膨胀的简便方法,估计出了我国的核心通货膨胀。有效性检验表明,根据两阶段估计方法和基于稳态权重的估计方法得到的核心通货膨胀都是有效的核心通货膨胀度量。张延群(2011)基于包含实际总产出、货币供给 M2 和 CPI 的 VAR 模型,将 CPI 分解为长期变动趋势和短期波动项。将长期趋势部分定义为核心通货膨胀率。运用 1994—2009 年中国季度数据进行实证检验,核心通胀率与 CPI 有长期均衡关系,主导 CPI 的长期变动趋势,是 CPI 的超前变量,能够为预测 CPI 提供有用信息。赵昕东和汤丹(2012)利用 CPI 分项目价格指数,基于动态因子指数模型估计了 2001 年 1 月至 2011 年 4 月中国的核心通货膨胀。结果显示,所估计的核心通货膨胀反映了通货膨胀的趋势,能够很好地反映货币供给的变化,对未来 5—19 个月的 CPI 也有较好的预测能力。田新民和武晓婷(2012)通过对两变量 SVAR 模型进行扩展,建立了包括产出、通货膨胀、货币供应量和食品价格的四变量 SVAR 模型来估计中国的核心通货膨胀率。根据估计出的核心通货膨胀率,分析我国核心通货膨胀的特征,说明我国的核心通货膨胀确实能更好地反映通货膨胀潜在的长期趋势。陈磊和张同斌(2012)采用三变量 SVAR 模型对月度通胀率进行结构冲击分解,分析需求冲击、货币冲击和供给冲击对通胀率的影响,并对我国核心通胀率进行测度和检验,同时采用 STAR 模型分析通胀率及核心通胀率的波动机制和非线性转换特征。结果表明,通胀率的变动机制与经济景气状况有关,在经济景气阶段,通胀率具有更强的持续性,表现为较大幅度的持续上涨,通胀压力不断增加,而核心通胀率的变动机制与货币供应的松紧状况有关。陈永志和吴锦顺(2013)指出卡尔曼滤波和多元 HP 滤波的核心通货膨胀率估计方法充分考虑到了变量之间的联系,比基于一般统计方法的估计趋势平稳性更好。因为它吸取了两者的长处,并克服了简单滤波的机械性。应用卡尔曼滤波和多元 HP 滤波方法估计核心通货膨胀率比较适合我国的国情。侯成琪和龚六堂(2013)从定义、度量、评价和应用等角度详细梳理了核心通货膨胀的理论脉络。提炼出了基于持续性通货膨胀、基于普遍性通货膨胀以及基于福利损失三种不同的核心通货膨胀定义,归纳了基于这三种不同定义的核心通货膨胀度量方法和评价方法,分析了为什么货币政策应该盯住核心通货膨胀,介绍了核心通货膨胀在各国中央银行货币政策决策中的应用情况。肖强和司颖华(2013)利用动态因子模型,从我国多个综合价格指数中得到核心通货膨胀率,认为这样得到的核心通货膨胀率反映了综合物价持久和潜在的变动,可更好地为货币政策的制定提供依据。肖强(2014)利用 CPI 的分类指数和大量宏观变量,基于动态因子模型得出核心 CPI 和宏观共同因子,分别针对 CPI、核心 CPI 和 CPI 分类指数构建了包含货币政策工具和宏观共同因子的 FAVAR 模型。实证结果表明,FAVAR 模型在货币政策效应分析中比 VAR 模型更有效,与 CPI 相比,货币当局更应该盯住核心 CPI。而且 CPI 分类指数对货币供给量脉冲的响应函数存在差异性。

综上所述,已有关于核心通货膨胀率的研究成果不管是利用统计方法还是基于模型,主要是针对提取 CPI 各个分类指标的共同趋势。而 CPI 虽然反映了通货膨胀率的主要部分但不是全部。而且关于动态因子模型应用的研究成果大多采用了不是很恰当的因子个数确定的方法。所以在已有研究成果的基础上,本章利用动态因子模型,采用最小熵方法确定动态因子个数,从比 CPI 更广泛的价格指数中提取其共同趋势(即因子)作为核心通货膨胀率,这样得到的核心通货膨胀率更贴近定义。

7.2 基于动态因子模型的核心通货膨胀率构建

7.2.1 相关变量的选取及描述统计

针对我国现有的价格指数月度数据,选取如下的变量:

消费者物价指数(CPI)。是根据与居民生活有关的产品及劳务价格统计出来的物价变动指标,通常作为观察通货膨胀水平的重要指标。构成和各部分比重(2011年)为:食品31.79%、烟酒及用品3.49%、居住17.22%、交通通信9.95%、医疗保健个人用品9.64%、衣着8.52%、家庭设备及维修服务5.64%和娱乐教育文化用品及服务13.75%。

零售物价指数(RPI)。是反映一定时期内商品零售价格变动趋势和变动程度的相对数。商品零售价格指数分为食品、饮料烟酒、服装鞋帽、纺织品、中西药品、化妆品、书报杂志、文化体育用品、日用品、家用电器、首饰、燃料、建筑装潢材料、机电产品十四个大类。

工业品出厂价格指数(PPI)。是反映全部工业产品出厂价格总水平的变动趋势和程度的相对单项工业品的出厂价格指数。我国现行的工业品价格指数,是采用算术平均法编制的。其中除包括工业企业售给商业、外贸、物资部门的产品外,还包括售给工业和其他部门的生产资料以及直接售给居民的生活消费品。通过工业生产价格指数能观察出厂价格变动对工业总产值的影响。

另外还包括:36个大中城市居民消费价格指数、农村居民消费价格指数和城市居民消费价格指数。需要说明的是,GDP缩减指数的计算基础比CPI更广泛,涉及全部商品和服务,除消费外,还包括生产资料和资本、进出口商品和劳务等。因此,这一指数能够更加准确地反映一般物价水平走向,是对价格水平最宏观的测量。但现有的GDP缩减指数只有季度数据没有月度数据,所以本章暂没有考虑该指数。

我们采用全国居民消费价格指数(CPI)、36个大中城市居民消费价格指数(BCPI)、城市居民消费价格指数(UCPI)、农村居民消费价格指数(RCPI)、全国商品零售价格指数(RPI)和工业品出厂价格指数(PPI)从2001年1月到2013年12月的月度环比数据(数据来源于CCER经济金融数据库和国家统计局网站,个别缺失数据利用线性插值法得到)。

由图7.1给出的6个价格指数趋势图直观地看到,CPI和其他价格指数的变动趋势基本一致。但是,和36个大中城市居民消费价格指数(BCPI)、工业品出厂价格指数(PPI)在相当一段时期内存在明显的差异。

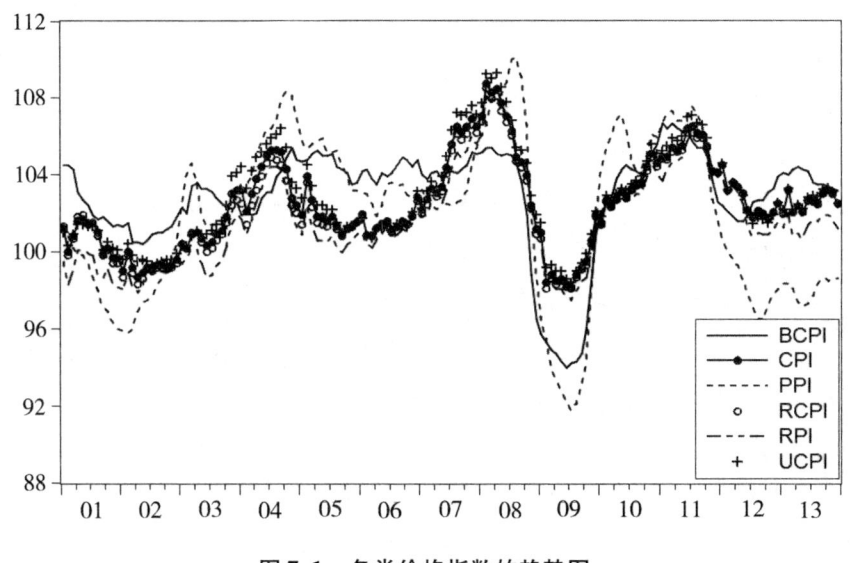

图7.1　各类价格指数的趋势图

具体地,由表7.1给出的以上6类价格综合指数的描述统计可知,均值、标准差等统计量刻画了CPI和其他价格指数之间的异同之处。因而,只是利用CPI去反映我国物价长期的、潜在的趋势不是十分恰当。有必要利用更多价格信息的共同趋势作为核心通货膨胀率的估计。

表 7.1　各类价格指数的描述统计量

	均值	中位数	最大值	最小值	标准差
CPI	102.48	102.13	108.74	98.20	2.35
UCPI	102.83	102.47	109.27	98.40	2.48
RCPI	102.31	102.06	108.50	98.10	2.30
BCPI	102.91	103.60	106.70	94.00	2.66
RPI	101.72	101.40	108.09	97.50	2.47
PPI	101.95	102.65	110.10	91.80	4.20

7.2.2　核心通货膨胀率的构建

对所选择的6个变量做单位根检验,结果如表7.2所示:

表 7.2　变量的 ADF 单位根检验结果

变量	检验形式	ADF 统计量	临界值(5%)	平稳性
CPI	(C,0)	-2.71	-2.88	非平稳
D(CPI)	(C,0)	-5.71	-2.88	平稳
UCPI	(C,T)	-2.74	-3.44	非平稳
D(UCPI)	(C,T)	-5.73	-3.44	平稳
RCPI	(C,T)	-2.03	-3.44	非平稳
D(RCPI)	(C,T)	-6.49	-3.44	平稳
BCPI	(0,0)	-0.17	-1.94	非平稳
D(BCPI)	(0,0)	-5.98	-1.94	平稳
RPI	(0,0)	0.43	-1.94	非平稳
D(RPI)	(0,0)	-6.40	-1.94	平稳
PPI	(C,T)	-3.20	-3.44	非平稳
D(PPI)	(C,T)	-5.63	-3.44	平稳

注:检验形式(C,T)中:"C"表示包含常数项,"T"表示包含趋势项。

由表 7.2 可知,以上 6 个变量均为一阶单整即 I(1) 的。针对同阶非平稳变量,进一步做 Jahansen 协整检验,结果如表 7.3 所示:

表 7.3　变量的 Jahansen 协整检验结果

原假设: 协整关系的个数	特征值	迹统计量	临界值(5%)	P 值
None	0.20	105.81	95.75	0.01
At most 1	0.18	71.25	69.82	0.04
At most 2	0.16	41.81	47.86	0.16
At most 3	0.06	15.85	29.80	0.72
At most 4	0.03	6.10	15.49	0.68
At most 5	0.01	1.39	3.84	0.24

由表 7.3 可知,在 5% 显著性水平下,以上 6 个变量至少存在两个协整关系。由 Bai 和 Ng(2004) 证明了因子是 I(1) 和异质性扰动是 I(0) 时,由因子所张成的空间可得到一致的估计。所以,类似于平稳序列仍可采用动态因子模型。

类似于肖强(2014),进行因子分析之前,有必要检验样本的足够度,这里有两类统计量可以评价因子分析中相关矩阵的足够度。一个是 Kaiser-Meyer-Olkin(KMO) 统计量,KMO 值越大意味着变量间的相关性越强,原有变量越适合作因子分析。一般认为,当 KMO 值大于 0.50 时,对这些变量可以进行因子分析。另一个是 Bartlett 的球形度检验,该检验的原假设是所有变量是不相关的,Bartlett 的球形度检验统计量渐近服从 χ^2 分布。通常比较检验提供的 P 值与给定的显著性水平得出结论。

由表 7.4 给出的对 6 个价格指标的 KMO 和 Bartlett 检验结果可知,KMO 值为 0.69 大于 0.50,样本量是足够的。另外,Bartlett 球形度检验对应的 P 值为 0.00,所以,在 5% 的显著性水平下,对以上 6 个价格综合指数可以进行因子分析。

表7.4 KMO 检验和 Bartlett 检验的结果

检验统计量	对应的观测值	对应的P值
KMO 统计量	0.69	——
Bartlett 统计量	2626.81	0.00

采用最小熵方法,可确定因子个数为1和滞后阶数为1。从结果来看类似于利用方差协方差矩阵,通过主成分法做因子分析可知,一个公共因子能解释总方差的84.02%,说明这些变量大部分原始信息都被所选的公共因子所代表。再根据各个变量的经济含义,驱动它们变化的主要因素可以定义为核心通货膨胀率。所以此处选择因子个数为1,而且此因子可以解释为不可观测变量即核心通货膨胀率。

进而,利用动态因子模型因子估计方法,基于卡尔曼滤波方法的极大似然估计,得到核心通货膨胀率。特别地,给出核心通货膨胀率(CIR)、消费物价指数(CPI)和工业品出厂价格指数(PPI)趋势图7.2。直观地看到,核心通货膨胀率与CPI和PPI相比更能综合反映物价的整体变动趋势。

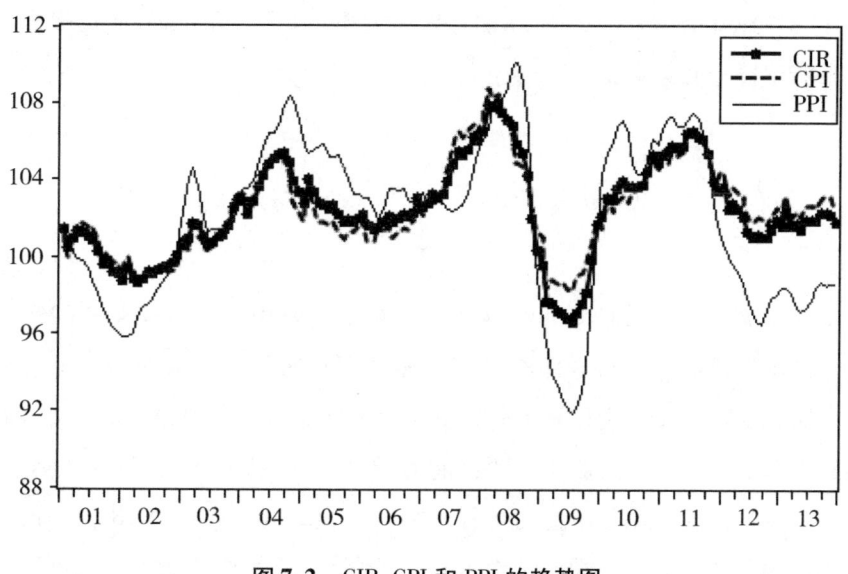

图7.2 CIR、CPI和PPI的趋势图

7.2.3 结论及需要进一步研究的问题

对核心通货膨胀是从货币政策的角度进行界定,一般将其定义为通货膨胀中持久的、潜在的部分,即反映物价普遍变动的趋势。现有核心通货膨胀的度量方法不管是统计方法还是基于模型的方法,主要都是针对消费者价格指数(CPI)进行分析的。虽然消费者价格指数反映了通货膨胀率的主要部分,但绝不是全部。所以,本章利用动态因子分析模型,从我国6个综合价格指数中提取其共同因子,将其定义为核心通货膨胀率,它更能反映物价持久的、潜在的变动,更接近其定义。

因此,中央银行在制定和实施货币政策时,要适度关注核心通货膨胀率的变化,从而使货币政策在保持长期物价稳定的同时,可以控制短期的通货膨胀,实现动态平衡。

需要进一步研究的问题是,一方面,由于考察的是月度数据,所以没有包括更一般的价格指数(如 GDP 缩减指数)和更全面的价格指数。另一方面,价格指数本身就是各种具体价格指数的加权平均,如果能从更全面、更具体的各种价格指数入手,利用动态因子分析方法得到的核心通货膨胀率会更贴近核心通货膨胀的定义。

7.3 核心通货膨胀率的非线性动态调整特征

已有关于通货膨胀率非线性特征分析的文献很多。Enders 等(2002)基于门限形式的菲利普斯曲线分析了澳大利亚通货膨胀的非线性动态特征。Binner 等(2006)利用样本外预测比较了神经网络模型和马尔可夫区制转移模型下美国通货膨胀率的预测能力,结果表明基于马尔可夫区制转移模型下的通货膨胀率预测能力更强。Nobay 等(2010)采用 STAR 模型研究了美国通胀率的动态特性。结论表明,1983 年以前的通货膨胀持久性特征与 1983 年之后存在显著差异。张凌翔和张晓峒(2011)运用多区制 STAR 模型研究我国通货膨胀率的周期阶段划分、通胀率周期波动非对称性动态特征,以及通胀率不同阶段相互转移的路径和内在机理。得到我国通货膨胀率波动可以划分为通货紧缩、通缩恢复、温和通胀以及严重通胀四个阶段,通胀率波动不同阶段的划分不仅依赖于通胀率的水平,也依赖于通胀率的增加量。而且我国通货紧缩与温和通胀持续时间较长,而严重通胀持续时间很短。虽然冲击对通胀率系统不具有持久性影响,但是正向冲击与负向冲击的影响具有非对称特征。司颖华(2014)指出已有我国通货膨胀率的非线性特征研究中转移变量均为 CPI,而物价预警综合指数能够更有效地监测物价的波动。于是,针对相关指标利用动态因子模型生成物价预警综合指数,利用物价预警综合指数作为转移变量,基于 LSTAR 模型研究通胀率的非线性动态调整特征。并将我国物价波动划分为高通胀、合理通胀和通胀紧缩三个状态。

而关于核心通货膨胀率动态行为的研究相对较少。王少平和谭本艳(2009)针对我国 CPI 的 8 大类指标,运用 Gonzalo 和 Granger 有关"协整—误差"修正模型的调节系数阵的正交分解技术,度量了中国的核心通货膨胀率,并揭示其动态调整行为和计算其惯性。结果表明,中国核心通货膨胀的平均水平和波动幅度均比标题通货膨胀大,其惯性比标题通货膨胀大。陈磊和张同斌(2012)首先对我国核心通胀率进行测度和检验,同时采用 STAR 模型分析通货膨胀率和核心通货膨胀率的波动机制和非线性转换特征。结果表明,通货膨胀率的变动机制与经济景气状况有关,在经济景气阶段,通货膨胀率具有更强的持续性,表现为较大幅度的持续上涨,通货膨胀压力不断增加。而核心通货膨胀率的变动机制与货币供应的松紧状况有关。实证结果表明,在 M2 增速高于 16.10% 的货币供应偏松阶段,核心通货膨胀率通常会出现较大程度的上涨,而当货币供应结束宽松状态时,核心通货膨胀率将开始下降。本节将借鉴以上关于通货膨胀率非线性动态特征研究的体制转换方法,考察我国核心通货膨胀率的非线性动态特征。

7.3.1 非线性模型设定和估计

7.3.1.1 单位根检验

我们对核心通货膨胀率序列进行单位根检验以确定数据是否具有整体平稳性。如果数据的生成过程含有单位根,应该对其差分序列进行建模。常规的单位根检验方法如 ADF 检验等都是在线性模型基础上进行的。刘雪燕和张晓峒(2009)构造了备择假设为 logistic 平滑转移自回归模型的单位根检验统计量 t_L。为使检验结果更加稳健,本章使用上述方法分别对通胀率数据进行单位根检验,检验结果如表 7.5 所示。

表 7.5 核心通货膨胀率的单位根检验

变量	ADF 检验的 P 值	变量	ADF 检验的 P 值	变量	t_L 检验的 P 值
CIR	0.20	D(CIR)	0.00	CIR	0.00

由表 7.5 可以看出,在 5% 的显著性水平下,ADF 检验表明核心通货膨胀率为线性一阶差分平稳的,而非线性 t_L 检验表明核心通货膨胀率是非线性平稳的。因此,我们对核心通货膨胀率的水平序列进行建模。

7.3.1.2 模型的 LM 检验及非线性模型设定

针对核心通货膨胀率构建 ARMA 模型,由滞后阶数的 AIC 信息准则,设定为线性 AR(2) 模型:

$$y_t = A + B y_{t-1} + C y_{t-2} + u_t \tag{7.3.1}$$

其中,$y_t = \text{CIR}_t$,A, B, C 为系数,u_t 是扰动变量。模型(2.1)的备择假设 LSTAR(2) 模型为:

$$y_t = A_1 + B_1 y_{t-1} + C_1 y_{t-2} + (A_2 + B_2 y_{t-1} + C_2 y_{t-2}) F(\gamma, c; s_t) + u_t \tag{7.3.2}$$

鉴于大量应用研究集中考察 logistic 函数形式,又为了避免参数 γ 的过渡估计,利用 $\hat{\sigma}(s_t)$ 对转移函数 F 进行缩放比例处理。转移函数可以表示为:

$$F(\gamma, c; s_t) = \frac{1}{1+\exp[-\gamma(s_t - c)/\hat{\sigma}(s_t)]}$$

针对原假设 $H_0: \gamma = 0$,备择假设 $H_1: \gamma > 0$。采用 LM 检验。具体地,首先,对(7.1)进行回归,得到回归方程的残差拟合值 e_t 和残差平方和 SSR^0。然后,对 e_t 关于 y_{t-1}、$s_t y_{t-1}$ 进行回归获得残差平方和 SSR^1。最后,计算 LM 统计量:$LM = T(SSR^0 - SSR^1)/SSR^0$。在原假设下,LM 渐近服从 $\chi^2(2)$ 分布。

分别尝试以 CIR_t 及其滞后变量作为转移变量时,对应 LM 检验的 P 值如表 7.6 所示。

表 7.6 LM 检验的 P 值

转移变量	CIR_t	CIR_{t-1}	CIR_{t-2}	CIR_{t-3}	CIR_{t-4}
LM 检验的 P 值	0.59	0.14	0.03	0.13	0.23

从表 7.6 可知,当使用滞后 2 期的核心通货膨胀率作为转移变量时,检验的 P 值最小,且方程可以拒绝线性假设,即该检验提供了强有力的证据拒绝线性 AR 的假设,支持 LSTAR 的设定。

7.3.1.3 模型的估计

基于网格搜索和运用非线性最小二乘方法(NLS)对 LSTAR 模型进行估计,得到最优调整平滑程度 γ 和门限参数 c 的估计值分别为 12 和 104。图 7.3 给出了随时间变化的区制转移轨迹和对应的平滑转换函数。由图 7.3 直观地看到,核心通货膨胀率从一个状态到另一个状态的调整比较缓慢,不具备状态转移的突变特征(门限模型或马尔可夫体制转换模型能描述的特征)。

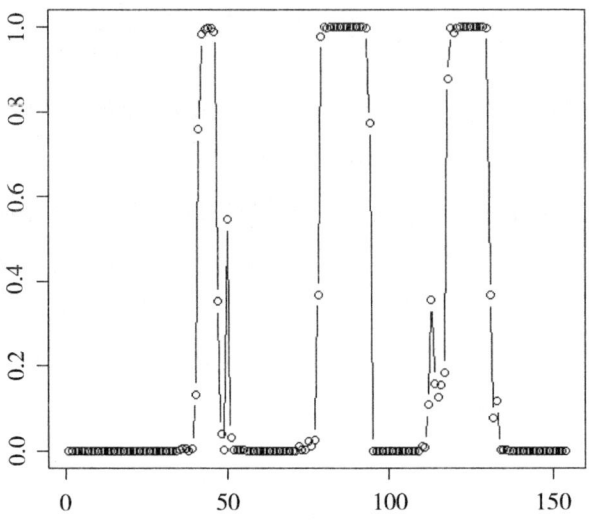

图 7.3(a)　随时间变化的区制转移轨迹

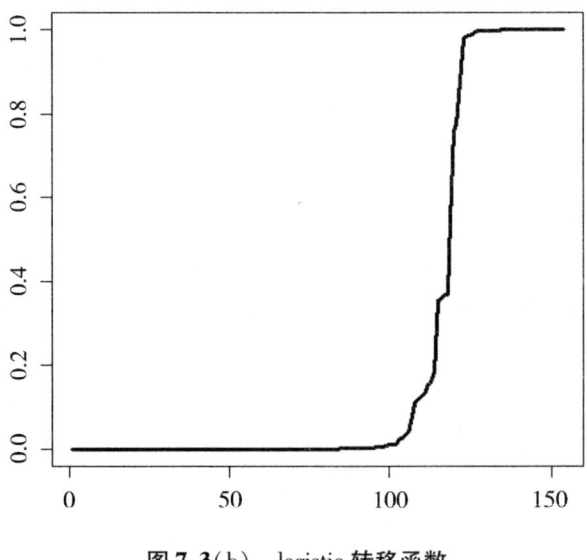

图 7.3(b)　logistic 转移函数

对应的 LSTAR(2)模型估计结果为:

$$\hat{y}_t = 2.41 + 1.24 y_{t-1} - 0.29 y_{t-2} + (0.59 + 0.37 y_{t-1} - 0.38 y_{t-2}) F(y_{t-2}) \quad (7.3.3)$$
$$t \ = (0.82)(14.05) \ (-3.10) \quad (0.06) \ (2.20) \quad (-2.00)$$

其中 $F(y_{t-2}) = 1/\{1 + \exp[-12(y_{t-2} - 104)/s(y_t)]\}$。

并且利用上述 LM 线性检验方法对(7.3)式的估计残差序列进行非线性检验,方程中没有支持非线性的证据。因此,以滞后 2 期的核心通货膨胀率作为转移变量,调整平滑程度 γ 和门限参数 c 的值分别为 12 和 104。通过图 7.4 给出的模型对 CIR 的估计值(CIR_esti)和真实值的拟合效应可知,LSTAR 模型充分捕捉了核心通货膨胀率的非线性特征。

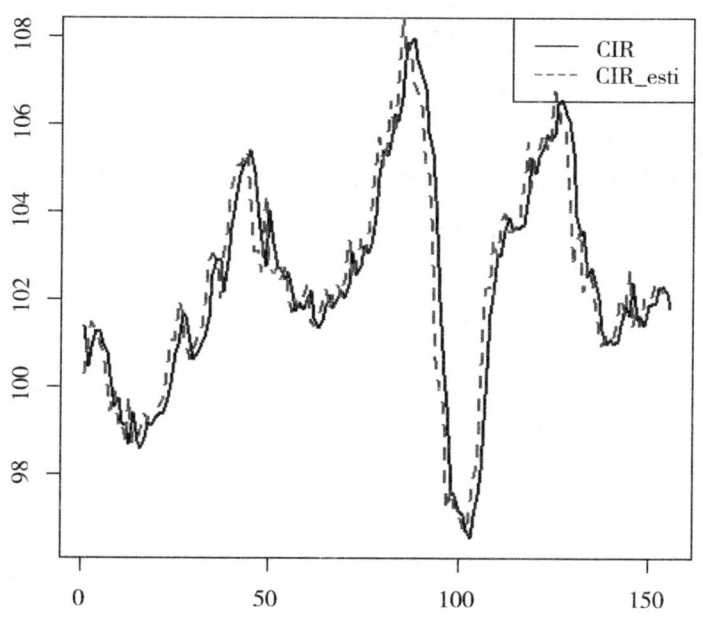

图 7.4 基于 LSTAR 模型的拟合效果图

7.3.2 核心通货膨胀率的非线性动态特性分析

图 7.4 给出两种体制下的通胀状态,从估计结果及图 7.5 中看出,$c =$ 104 是我国物价处于低通胀和高通胀阶段的临界水平,并且低通胀状态与高通胀状态之间的转换速度较慢。

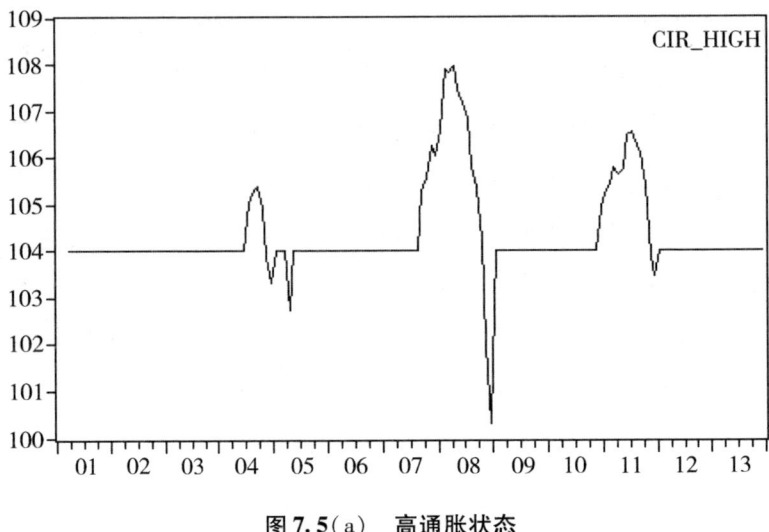

图 7.5(a) 高通胀状态

如图 7.5(a)所示,通过曲线是否显著偏离零值线来判断我国经济所处的高通胀阶段。估计的两机制 LSTAR 模型识别出的高通胀阶段为:2004 年 7 月至 2004 年 12 月、2007 年 8 月至 2008 年 12 月和 2010 年 12 月至 2011 年 12 月。

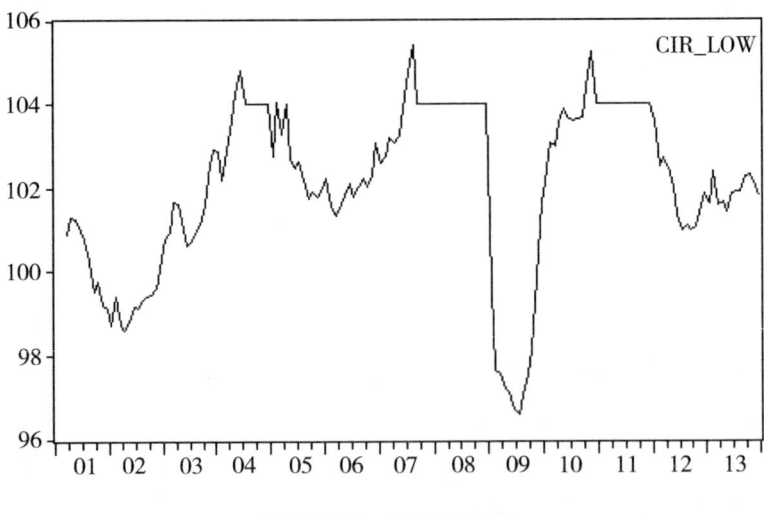

图 7.5(b) 低通胀状态

同样,如图 7.5(b)所示,估计的两机制 LSTAR 模型识别出的低通胀阶段为:2001 年 3 月至 2004 年 6 月、2005 年 1 月至 2007 年 8 月、2009 年 1 月至 2010 年 11 月和 2012 年 1 月至 2013 年 12 月。

通过该模型识别出的高通胀和低通胀阶段的划分可以看出,该模型已经能较好地反映我国经济通胀的高通胀和低通胀两个阶段之间的非对称性,与高通胀相比低通胀持续期较长,这表明核心通胀率处在这两个状态时都较稳定,并且具有较高的持续性。这种周期长度的特性决定了我国经济一旦陷入了通货紧缩状态或通货膨胀状态时,如果没有很强的政策效力,通货紧缩或通货膨胀的恢复将会相对缓慢。而且高通胀要比低通胀更加陡峭,也就是说物价到达高通胀的速度要比物价达到低通胀的速度快。一方面,这反映了物价的高通胀对宏观政策的敏感性比较高。另一方面,也反映了我国政府对高通胀的治理是有效的。

7.3.3 小结

本小节对利用我国 6 个综合价格指数得到的核心通货膨胀率,检验得到核心通货膨胀率的非线性动态特征可以基于 LSTAR 模型很好地描述。并且通过估计得到的 LSTAR(2)模型,分析了核心通货膨胀率的非线性动态特征。这为政府部门准确判断及预测我国物价的变动趋势,进而为制定并调整相应的货币政策提供了科学依据。

7.4 基于 FAVAR 模型的货币政策价格效应分析

7.4.1 货币政策的价格效应的文献评述

已有我国货币政策对通货膨胀率影响的研究都是针对 CPI 的[赵进文

和黄彦(2006)、石柱鲜等(2009)、张旭和文忠桥(2013)]。CPI虽然是CPI分类指数经过加权平均后的总体价格水平,但CPI的变动主要受到食品类指数和居住类指数的影响,利用CPI变化不能很好地代表CPI各类指数的整体变化。因此,有必要选取反映价格变动长期的、潜在的指标即核心通货膨胀率(记作CIR)来测度货币政策对价格的影响[张延群(2011)、田新民和武晓婷(2012)]。而且关于货币政策对CPI分类指数的研究却相对较少,张成思(2009)在研究中国CPI分类指数动态传导机制的基础上,得到了货币政策对CPI分类指数的影响存在明显差异。随后Jalali–Naini和Hemati(2012)在丰富数据环境下,基于因子扩展的向量自回归(FAVAR)模型类似地研究了货币冲击对CPI各类指数的影响。

自从Sims(1992)提出利用VAR模型分析货币政策冲击对宏观经济变量的影响以来,国内外学者利用VAR模型对货币政策做了大量实证研究[比如,樊京和京耿强(2009)基于VAR模型分析了不同货币政策工具的实施效应]。但基于VAR模型的货币政策效应分析中,学术研究所建立的基准模型中所涵盖的信息量远小于货币当局所需要关注的信息量,在对现实情况进行研究时往往存在模型设定的误差。因此,Bernanke等(2005)提出了FAVAR模型,即在VAR模型中引入大量宏观经济变量合成的因子,来弥补VAR模型的不足之处。随后王少平等(2012)利用FAVAR模型研究了中国CPI分类指数的波动源及其性质。肖强等(2014)基于FAVAR模型分析了我国货币政策的有效性及产业非对称性。肖强(2014)基于FAVAR模型分析了货币政策对CPI、核心CPI和CPI分类指标冲击的异质性效应。

对CPI和各个CPI分类指数而言,我国2004年的通货膨胀是在粮食的供给冲击和固定资产投资过猛的背景下产生的,其主要特征是食品类大涨而其他各大类上涨的幅度较小。始于2008年的国际金融危机导致国内外需求全面萎缩、国际大宗商品价格迅速下降,致使我国CPI各大类纷纷呈紧缩的态势。危机期间全球实施的宽松货币政策和国内投资需求旺盛的宏观经济背景下,我国在2010年后再次出现较为严重的通货膨胀,CPI的各分类指数全面上涨但上涨幅度和上涨时间并不一致。

综上所述,已有关于货币政策对价格影响的研究主要是对 CPI 采用 VAR 模型进行的,这使得货币政策缺少针对性。考虑到核心通货膨胀率代表价格变动长期的、潜在的趋势,CPI 各个分类指数的变动具有明显的差异,并且 FAVAR 模型在引入大量信息的同时不会造成参数估计的困难。因此,本节首先利用动态因子模型得出宏观共同因子。然后,分别针对 CPI、核心通货膨胀率和 CPI 分类指数构建了包含货币政策工具和宏观共同因子的 FAVAR 模型。最后,运用脉冲响应函数刻画了货币政策对各个变量影响的动态特征。

7.4.2 CPI 分类指数和共同宏观因子

CPI 是一个总量指标,它所反映的是经过加权平均后的总体价格水平,其变化幅度综合反映了各类居民消费品和居民服务项目价格总水平的变化情况。中国 CPI 的分类体系在 2001 年经过调整,CPI 指数统一执行国家统计局规定的 8 大类体系,包括食品、烟酒及用品、衣着、家庭设备用品及服务、医疗保健及个人用品、交通和通信、娱乐教育文化用品及服务、居住 8 大类。根据现行的 CPI 分类体系,本章选取 2001 年 1 月至 2013 年 12 月 CPI 及 CPI 八大类指数的时间序列数据作为分析的主要对象,CPI 及 CPI 的分类指标数据(月度同比)来源于国家统计局。为表述方便,我们把组成 CPI 的分类指数分别简记为食品(FOOD)、烟酒(TABCO)、衣着(CLOTH)、家庭(HOUSOLD)、医疗(MEDICINE)、交通(TRANS)、教育(EDU)和居住(RESIDENCE)。

图 7.6 描绘了 CPI 及 CPI 各类指数的趋势图。从图 7.6 中可以看到,CPI 各类指数的动态走势呈现出非常明显的差异。例如,在 2002 年食品和医疗类通胀率呈现下滑态势,烟酒类通胀率则有所上升,而在 2003 年前者上升后者下降。2007 年食品类明显上升时衣着类反而下降,进一步观察 2008 年以来的走势可以看到,食品类通胀率下降最为明显,医疗和居住类

有小幅下滑,而其他各类通胀率有不同幅度的上涨。总体来看,食品类通胀率的动态走势与 CPI 最为接近,而其他指数彼此之间以及与 CPI 的动态路径存在不同的时滞(例如衣着类向右推移后与 CPI 走势接近,从而也暗示 CPI 各类指数对 CPI 可能存在不同的动态传导性。

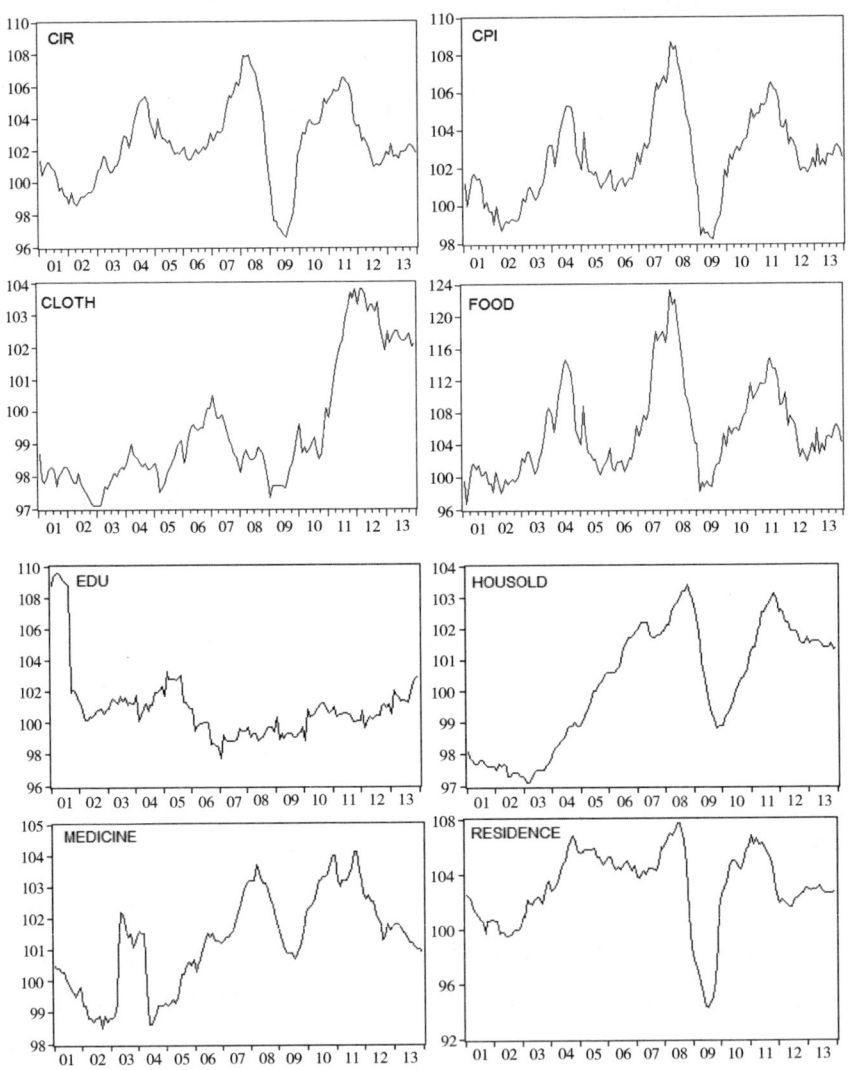

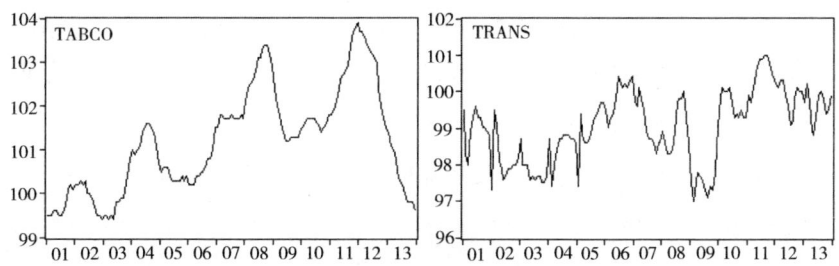

图 7.6　CIR、CPI 及 CPI 各类指数的趋势图

表 7.7 给出了 CPI 各类指数在 CPI 中的权重和部分描述统计量。

表 7.7　CPI 各类指数权重及描述统计量

	权重(%)	均值	中位数	最大值	最小值	标准差
CIR		102.36	102.16	107.96	96.57	2.47
CPI	100	102.49	102.15	108.70	98.20	2.35
FOOD	31.79	105.73	104.20	123.30	96.70	5.69
TABCO	3.49	101.20	101.25	103.90	99.40	1.20
CLOTH	8.52	99.40	98.70	103.80	97.10	1.89
HOUSOLD	5.64	100.24	100.60	103.40	97.10	1.92
MEDICINE	9.64	101.27	101.40	104.10	98.50	1.49
TRANS	9.95	99.05	99.15	101.00	97.00	0.97
EDU	13.75	100.97	100.60	109.60	97.70	2.21
RESIDENCE	17.22	103.02	103.10	107.70	94.20	2.85

注：权重数据来自中国国家统计局。

如表 7.7 所示，影响 CPI 最明显的变量为食品类通胀率，其次是居住类和教育类等。表 7.6 统计量显示，均值统计量中，食品类的最大为 105.73，衣着类的最小为 99.40；中位数统计量中，食品类的最大为 104.20，衣着类的最小为 98.70；最大值统计量中，食品类的最大为 123.30，交通类的最小为 101.00；最小值统计量中，烟草类的最大为 99.40，居住类的最小为

94.20;标准差统计量中,食品类的最大为5.69%,交通类的最小为0.97。综上所述,食品类的均值、中位数和标准差均最大,其次是居住类。大致反映出了CPI的变动主要受到食品类指数和居住类指数的影响。同时,CPI各类指数对CPI的影响程度存在明显的差异,利用CPI变化不能很好地代表CPI各类指数的变化。

7.4.3 FAVAR模型的构建

为了得到宏观共同因子,参考已有文献[Stock和Watson(2002)、Bernanke等(2005)、王胜和陈继勇(2010)、沈悦等(2011)、李善燊和沈悦(2012)、丁志国等(2012)、陈普(2012)、汪立平(2012)、沈悦和李善燊(2012)和王少平等(2012)]对我国宏观经济变量的选取。本节所选取的宏观经济变量主要包括:(1)实际产出类,包含工业增加值同比增长率、发电量同比增长等重要工业产品序列;(2)房地产类,包括房地产投资累计增长、房地产新开工施工面积累计增长、房地产竣工面积累计增长、商品房销售额累计增长、国房景气指数;(3)实际消费和零售类,包括社会消费品零售总额同比增长率、粮油、食品、饮料、烟酒类商品零售类值同比增长、消费者信心指数;(4)投资类,固定资产投资完成额累计增长、第一、第二、第三产业固定资产投资完成额累计增长;(5)股票价格类,包括上证、深证股票价格的相关指数;(6)汇率和外汇储备类,人民币对日元平均汇率、实际有效汇率指数(REER)、国家外汇储备;(7)利率类,银行间同业拆借加权平均利率、银行间债券质押式回购交易加权平均利率;(8)价格类,居民消费价格指数(上年同月=100)、城市居民消费价格指数(上年同月=100)、农村居民消费价格指数(上年同月=100)、商品零售价格指数(上年同月=100)、城市商品零售价格指数(上年同月=100)、农村商品零售价格指数(上年同月=100)、工业生产者出厂价格指数(上年同月=100)、工业生产者购进价格指数(上年同月=100);(9)货币和信贷类,流通中现金(M0)供应量同比增长、货币(M1)供应量_同比增长、货币和准货币(M2)供应量同比增长;(10)进出口类,我国出口总值同比增长、出口总值同比增长。数据来自中经网数据库、CCER 经济金融数据库和国家统计局、国际清算银行官方网站(http://www.bis.org)等,部分缺失数据采用一次线性插值法处理。

数据的预处理如下:首先对需要季节调整的序列使用 X-12 方法消除季节影响因素。由于 FAVAR 模型假定每个变量都是平稳的,且均值为0。因此,第一步,结合序列本身的含义和单位根检验的结果,通过差分和取对数的变换使序列满足平稳性。比如,对实际数据序列大多通过取对数后进行一阶差分的变换使之成为平稳的月度数据。对利率类的百分比变量,直接差分使之变换为平稳数据。由于篇幅所限,本章省略对每一个变量及其处理后变量的单位根检验,各个变量的处理方式见附录。最后,对平稳性处理后的变量进行了标准化处理,即将变量减去其均值并除以标准差。

表7.8 给出了以上35个宏观变量的 KMO 和 Bartlett 检验结果,KMO 值为0.73 大于0.5,说明样本量是足够的。另外,Bartlett 球形度检验对应的 P 值为0.00,所以,在5%显著性水平下,以上变量适合进行因子分析。

表7.8 KMO 检验和 Bartlett 检验的结果

检验统计量	统计量对应的观测值	统计量对应的 P 值
KMO 统计量	0.73	——
Bartlett 统计量	6405.99	0.00

表7.9 给出了不同个数的共同因子对总方差的解释力。如表7.9 所示,第一个因子对应的特征值最大,解释了所有变量的大约32.78%的总方差,也可以得到前7个共同因子累计解释了总方差的89.30%。

表 7.9　因子解释的总方差

因子个数	1	2	3	4	5	6	7
特征值	8.61	4.46	3.70	2.27	1.99	1.67	1.53
方差占比(%)	24.59	12.74	10.57	6.50	5.69	4.78	4.38
累计方差(%)	24.59	37.33	47.90	54.41	60.10	64.88	69.26

综合考察 Bai 和 Ng(2002)信息准则 $IC_{p1}(k)$、$IC_{p2}(k)$ 和因子解释的总方差信息,确定共同因子的个数为 6。并利用 Chamberlain 和 Rothschild (1984)主成分法得到共同因子的估计值。

FAVAR 模型中相关变量的选择。首先考虑到变量的平稳性,货币政策工具和价格变量均采用一阶差分变量。对货币政策工具变量采用当前更多文献中采用的广义货币供给量增长率(记作 DM1),核心通货膨胀率(CIR)、同比 CPI(CPI)、CPI 的分类指数:食品(FOOD)、烟酒(TABCO)、衣着(CLOTH)、家庭(HOUSOLD)、医疗(MEDICINE)、交通(TRANS)、教育(EDU)和居住(RESIDENCE),均采用一阶差分变量。为了比较 VAR 模型和 FAVAR 模型,给出包含货币政策工具、产出和价格的 VAR 模型,其中,VAR 模型中产出变量采用工业增加值增长率(记作 DGDP)。

FAVAR 模型滞后阶数的确定。根据 VAR 模型滞后阶数确定的 AIC 信息准则,确定包含货币政策工具、价格变量和共同因子的 FAVAR 模型的滞后阶数为 2。包含货币政策工具、产出和价格的 VAR 模型的滞后阶数也为 2。

以下具体分析货币政策对 CPI、CIR 和 CPI 分类指数的影响。为了更好地比较起见,将同时给出针对 CPI 和 CIR 的 FAVAR 模型和 VAR 模型的分析。

7.4.4　货币政策对 CPI 的影响分析

首先基于 FAVAR 模型和 VAR 模型分析货币政策对 CPI 的影响。给定货币供给量增长率 DM1 一个正标准差的冲击,图 7.7 给出了基于 FAVAR 模型和 VAR 模型的 DCPI 对 DM1 的脉冲响应图。

图 7.7(a)　基于 FAVAR 模型的 DCPI 对 DM1 响应图

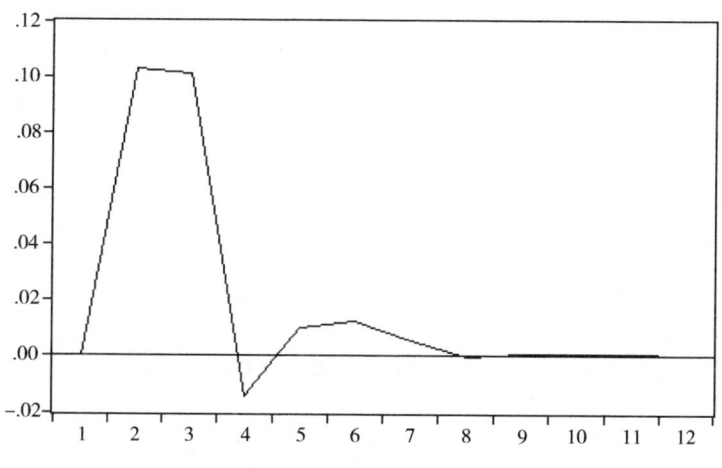

图 7.7(b)　基于 VAR 模型的 DCPI 对 DM1 响应图

如图 7.7(a)所示,货币供给量增长率 DM1 对 DCPI 有一个正向的短期影响,这与经济学理论和已有的实证分析结论是一致的。具体表现为,在第

2 个月达到最大冲击值为 0.13,随后逐渐减小,第 8 个月后影响效应基本为 0.00。与图 7.7(b)对比可知,基于 FAVAR 模型的货币政策对 CPI 的影响,不管从最大脉冲值还是从影响的持续时间来看都强于基于 VAR 模型的影响。因此,在研究货币政策对 CPI 影响的模型选择中,FAVAR 模型比 VAR 模型包含了更充分的信息。

7.4.5 货币政策对核心通货膨胀率的影响分析

考虑到核心通货膨胀率比 CPI 更能反映价格长期的、潜在的变化,有必要考察货币政策对核心通货膨胀率的影响。给定货币供给量增长率 DM1 一个正标准差的冲击,图 7.8 给出了基于 FAVAR 模型和 VAR 模型的 DCIR 对 DM1 的脉冲响应图。

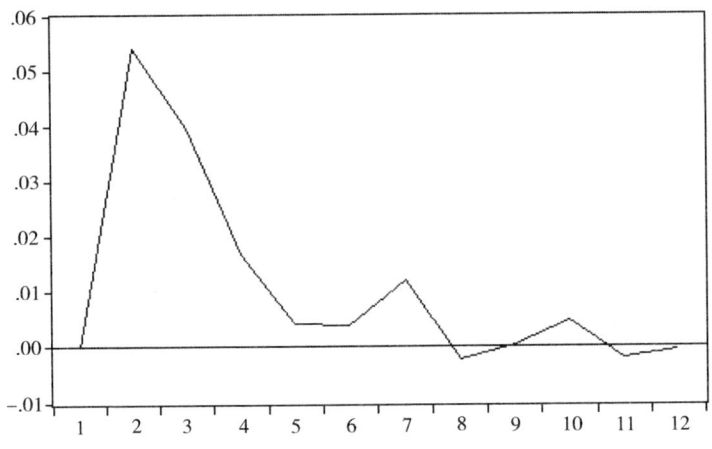

图 7.8(a) 基于 FAVAR 模型的 DCIR 对 DM1 响应图

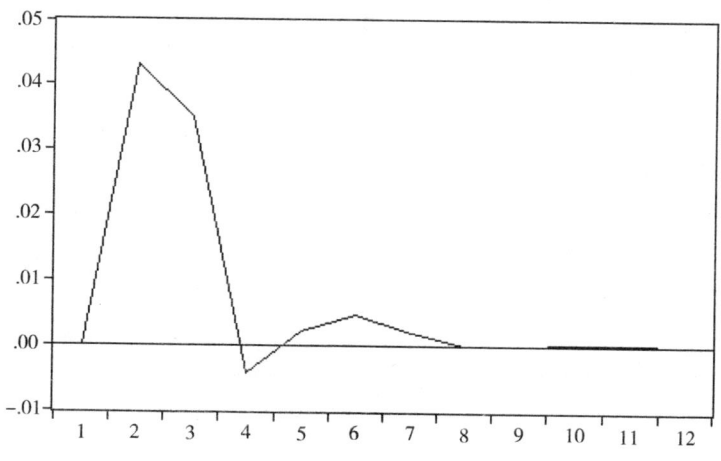

图 7.8(b) 基于 VAR 模型的 DCIR 对 DM1 响应图

如图 7.8(a)所示,货币供给量增长率 DM1 对 DCIR 有一个正向短期影响,这基本反映了货币政策对价格的影响,和经济学理论结论是一致的。具体表现为,在第 2 个月达到最大冲击值为 0.05,随后逐渐减小,第 7 个月后影响效应基本为 0.00。和图 7.8(b) 对比可知,基于 FAVAR 模型的货币政策对 DCIR 的影响,不管从最大脉冲值还是从影响的持续时间来看都强于基于 VAR 模型的影响。因此,在研究货币政策对核心通货膨胀率影响的模型选择中,FAVAR 模型比 VAR 模型包含了更充分的信息。

同时,通过图 7.7(a)和图 7.8(a)的比较可知,基于 FAVAR 模型的 CPI 和 CIR 对货币政策的响应存在显著的不同。因此,已有研究中单纯地依据货币政策对 CPI 的影响来制定和实施货币政策是不够准确的。政策制定者依据反映长期的、潜在的价格变化的核心通货膨胀率对货币政策的响应来制定货币政策将更有效。

7.4.6 货币政策对 CPI 分类指数影响分析

为了使货币政策调控价格更有针对性,针对各个 CPI 分类指数和货币供给量增长率 DM1 构建 FAVAR 模型。给定货币供给量增长率 DM1 的一

个正标准差的冲击,图 7.9 给出了基于 FAVAR 模型的 CPI 各类指数对 DM1 的脉冲响应图

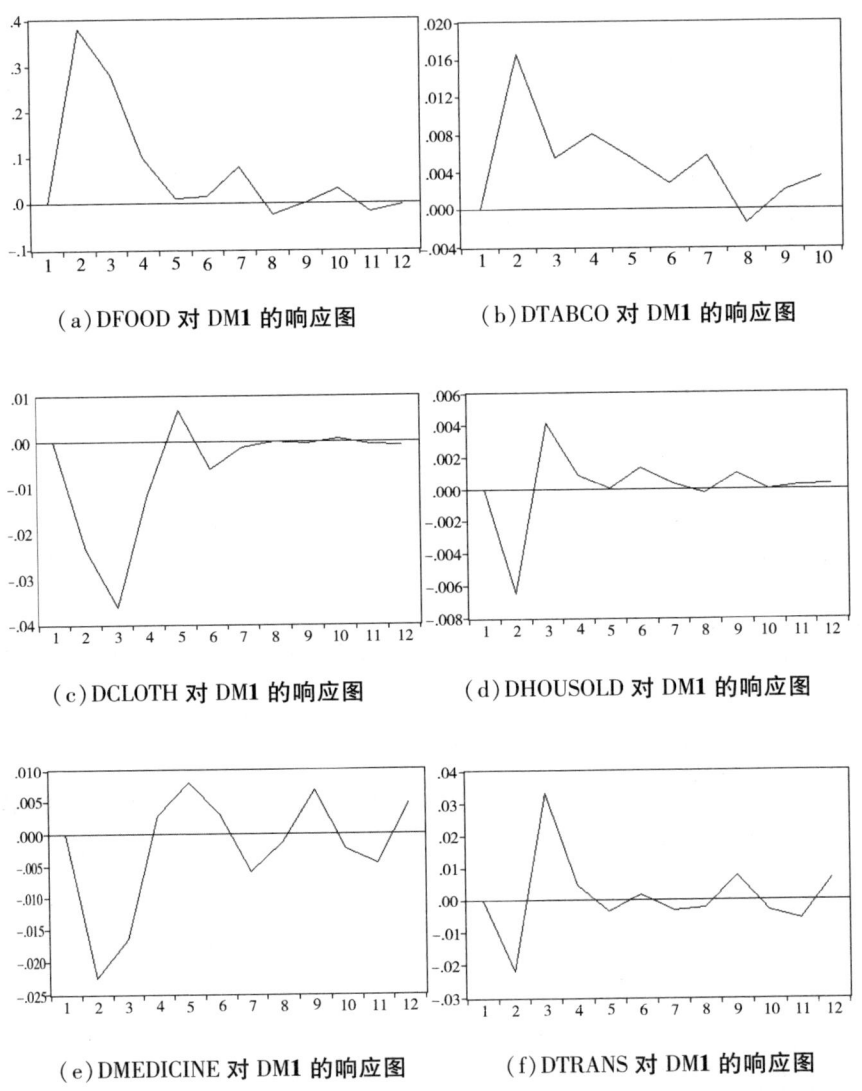

(a) DFOOD 对 DM1 的响应图

(b) DTABCO 对 DM1 的响应图

(c) DCLOTH 对 DM1 的响应图

(d) DHOUSOLD 对 DM1 的响应图

(e) DMEDICINE 对 DM1 的响应图

(f) DTRANS 对 DM1 的响应图

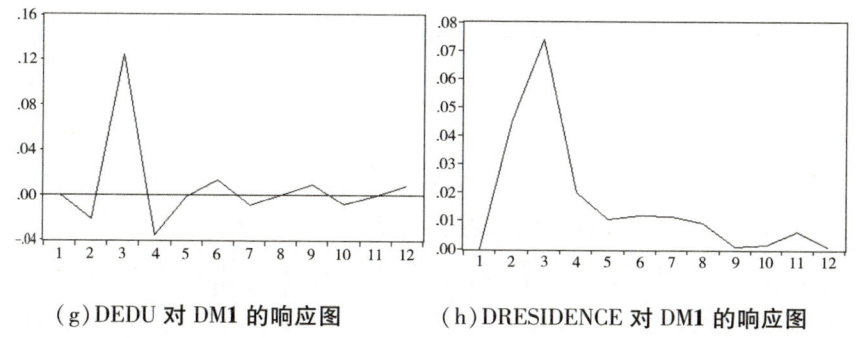

(g) DEDU 对 DM1 的响应图　　(h) DRESIDENCE 对 DM1 的响应图

图 7.9　基于 FAVAR 模型的 CPI 各类指数对 DM1 响应图

如图 7.9 所示,首先,货币供给量对食品(FOOD)的影响为正且最大,在第 2 个月达到最大值约为 0.4。其次,货币供给量对居住(RESIDENCE)有一个正向短期影响,在第 3 个月达到最大值约为 0.075。还有,货币供给量对教育(EDU)有较明显的正向影响,在第 3 个月达到最大值约为 0.12。货币供给量对烟酒(TABCO)有较微弱的正向影响,在第 2 个月达到最大值约为 0.016。这 4 个 CPI 分类指数对货币政策的响应大致反映了 CPI 的变动主要取决于食品(FOOD),其次取决于居住(RESIDENCE)、教育(EDU)和烟酒(TABCO)的事实。还需要注意的是,货币供给量对衣着(CLOTH)有较明显的负向影响,在第 3 个月达到最大值约为 -0.035。货币供给量对医疗(MEDICINE)有较明显的负向影响,在第 3 个月达到最大值约为 -0.023。货币供给量对交通(TRANS)刚开始有负向影响随后为正向影响,在第 2 个月约为 -0.023,第 3 个月达到最大值约为 0.035,第 4 个月后逐渐减小到 0。而货币供给量对家庭(HOUSOLD)的影响非常小。总之,货币政策对 CPI 各类指数的影响存在显著差异,针对不同 CPI 分类指数的调控需要采取不同的货币政策。

7.4.7　结论及其政策建议

本节首先利用动态因子模型得出宏观共同因子。然后,分别针对 CPI、核心通货膨胀率和 CPI 分类指数构建了包含货币政策工具和宏观共同因子的 FAVAR 模型。这个框架允许我们包括所有相关的宏观经济变量和针对所有这些变量得到相应的脉冲响应函数。此外,我们认为通过这种方法可以使货币当局能够尽可能多地关注可用信息集合。正如 Aoki M(2004)认为的总体通货膨胀率在微观水平可能不能正确显示动态关系和定价行为,这意味着 CPI 各类指数大大不同于合成的价格指数。这样可以使我们观察到食品类价格和居住类价格等的不同动态特征,帮助我们改善在更微观水平上理解货币传导机制。本章得到如下三个主要结论:

首先,货币政策对 CPI 的脉冲响应分析中,FAVAR 模型比 VAR 模型包含了更多的相关信息,得到的结论更接近现实,即在货币政策效应分析中 FAVAR 模型更为有效。

其次,基于 FAVAR 模型的核心通货膨胀率对货币供给量的响应分析表明,核心通货膨胀率能够更真实合理地反映价格长期、潜在的变动。因此,与 CPI 相比,货币当局更应该盯住核心通货膨胀率。

最后,CPI 分类指数对货币供给量的脉冲响应函数存在显著的差异。因此,对货币当局而言,关注货币政策对 CPI 各类指数影响的差异性是至关重要的。

7.5 本章小结

本章首先基于动态因子模型,从我国 6 个综合价格指数中得到核心通货膨胀率。与 CPI 相比,该核心通货膨胀率更好地反映了我国物价持久的和潜在的变动,这样,核心通货膨胀率将为货币政策的制定和实施提供更好的理论依据。

进一步,基于 LSTAR 模型描述了核心通货膨胀率,并对其非线性动态调整特征进行了分析。结果表明,我国核心通货膨胀率的变动存在显著的非线性动态调整特征,并识别出我国核心通货膨胀率所处高通胀和低通胀状态的时期,这将更好地这为政府部门准确判断及预测我国物价的变动趋势,进而为制定并调整相应的货币政策提供科学依据。

最后,利用动态因子模型从35个宏观变量中提取6个宏观共同因子,分别针对CPI、核心通货膨胀率、CPI分类指数、货币供给量增长率和宏观共同因子构建了FAVAR模型,并运用脉冲响应函数刻画了货币政策工具对各个变量冲击的动态特征。结果表明:首先,与VAR模型相比,FAVAR模型在货币政策效应分析中更有效。其次,与CPI相比,货币当局更应该盯住核心通货膨胀率。而且,CPI分类指数对货币供给量的脉冲响应函数存在差异性。因此,货币当局为了使调控价格更具有针对性,需要关注货币政策对CPI分类指数影响的异质性特征。

第 8 章

核心通货膨胀视角下的货币政策非对称性效应分析

和 CPI 相比,货币政策的实施更需要关注核心通货膨胀率,核心通货膨胀率反映整体物价变动长期的、潜在的变动趋势。本章将第 7 章所构建的核心通货膨胀率作为 LSTVAR 模型中平滑转换函数的转换变量,利用 LSTVAR 模型分析了货币政策的非对称性。实证结论表明,在由核心通货膨胀率确定的不同通胀状态下,货币政策对产出和价格具有显著的非对称性。高通胀状态下扩张的货币政策无效,而低通胀状态下扩张的货币政策更有效。

8.1 引 言

Cover(1992)提出了货币政策的非对称性效应概念,货币政策非对称性效应意味着不同的货币政策取向(扩张或紧缩)在不同的经济状态下(低通胀或高通胀)对产出或价格具有不同程度的影响。赵进文等(2005)采用 Logistic 平滑转换回归模型和网格搜索法,得到我国货币政策存在明显的非对称性。陈建斌(2006)应用两步法发现,我国扩张性的货币政策对产出没有影响,紧缩性的货币政策能够有效影响产出。刘金全等(2009)利用 LSTVAR 模型考察了我国货币政策的非对称性。

在 LSTVAR 模型的应用研究中重点是选择转移变量。关于非对称性的经济理论提供了许多可供选择的转移变量,Beaudry等(1993)根据经济理论选择实际产出增长率作为转移变量。Thoma(1994)根据信贷配给模型中的非对称性给出货币变量也可能是合适的转移变量。而在我国货币政策非对称性的已有研究中,主要根据统计理论,尝试用所有变量及其滞后变量分别作为转移变量,以非线性检验是否显著和显著的程度为标准来确定转移变量,这样得到的转移变量缺乏经济含义解释。项后军和于洋(2012)通过纳入通货膨胀预期,研究了我国货币政策对资产价格反应的方式、非对称性和急缓程度。得到货币政策在对房价和股价的反应中,通货膨胀预期起到明显不同的作用。货币政策不仅需要关注房价而且需要盯住股票价格。货币政策在整个样本期内均对房价做出正向反应,且随通货膨胀预期的不断攀升反应逐渐增强,但对股价却采取所谓"调牛不调熊"的非对称反应,且随股价涨幅的增加反应逐渐增强。

在以上研究的基础上,考虑到核心通货膨胀率是货币政策的重要关注指标,我们将第2章构建的核心通货膨胀率作为LSTVAR模型中平滑转换函数的转换变量,利用LSTVAR模型分析货币政策的非对称性效应。

8.2 LSTVAR模型的线性检验和估计

8.2.1 变量选取和数据处理

1998年我国改革了货币政策调控方式,取消对商业银行信贷规模的直接控制,实行资产负债比例管理,宣布以货币供应量为唯一的中介目标,并于当年5月恢复公开市场操作,这些举措标志着我国货币调控由直接方式向间接方式的转变。本章选取货币供应量M1的同比增长率作为货币政策的代理变量(为了减弱异方差,先将数据取对数,然后求增长率,记作DM1),工业增加值的同比增长率IP作为经济增长的代理变量(记作DIP),

CPI 的同比增长率作为物价的代理变量(记作 DCPI),样本区间确定为 2001 年 1 月至 2013 年 12 月,数据均来自国家统计局网站。对以上变量进行单位根检验可知,DM1、DIP 和 DCPI 均为平稳变量。

8.2.2 LSTVAR 模型的设定检验

综合利用线性 VAR 模型滞后阶数确定的信息准则,确定了线性 VAR(1)模型:

$$y_t = A + By_{t-1} + u_t \qquad (8.2.1)$$

其中,$y_t = (DM1_t, DIP_t, DCPI_t)$,$A,B$ 为系数矩阵,u_t 是扰动向量。模型(8.1)的备择假设 LSTVAR 模型为:

$$y_t = A_1 + B_1 y_{t-1} + (A_2 + B_2 y_{t-1})F(\gamma, c; s_t) + u_t \qquad (8.2.2)$$

鉴于,货币当局更关注的是核心通货膨胀率,本章将选取核心通货膨胀率(CIR)作为转移变量 s_t。

为了模型的线性检验,利用 LM 检验对(8.2)中每个方程进行假设检验:$H_0: \gamma = 0, H_1: \gamma > 0$。首先,对(8.1)进行逐方程回归,得到每个回归方程的残差拟合值 $e_{it}, i = DM1, DIP, DCPI$ 和残差平方和 SSR_i^0。然后,对 e_{it} 关于 y_{t-1} 和 $s_t y_{t-1}$ 进行回归获得残差平方和 SSR_i^1。最后,对每个 i 计算 LM 统计量:$LM_i = T(SSR_i^0 - SSR_i^1)/SSR_i^0$。在原假设下,$LM_i$ 渐近服从 $\chi^2(3)$。

而且,利用 LR 检验对整个系统进行线性检验,即每个方程都满足 $H_0: \gamma = 0$。令,$\Omega_0 = \frac{1}{T}\sum_i SSR_i^0$,$\Omega_1 = \frac{1}{T}\sum_i SSR_i^1$,LR 统计量为:$LR = T\{\log|\Omega_0| - \log|\Omega_1|\}$。在原假设下,LR 渐近服从 $\chi^2(9)$。

以 CIR_t 作为转移变量,表 8.1 报告了模型的非线性检验结果。表 8.1 表明,核心通货膨胀率作为转移变量时,在 5% 的显著性水平下,由 LM 检验可知,每个方程都拒绝线性假设。而且通过 LR 检验可以拒绝 VAR 模型的线性假设,支持 LSTVAR 模型设定。

表 8.1　非线性检验的 P 值

转移变量	LM 检验			LR 检验
	DM1	DIP	DCPI	
CIR_t	0.00	0.00	0.00	0.00

8.2.3　LSTVAR 模型的估计

运用非线性最小二乘方法(NLS)对 LSTVAR 模型进行估计,得到调整平滑程度参数和门限参数的估计值分别为 8.5 和 102.8。图 8.1 给出了以核心通货膨胀率为转移变量时的区制转移轨迹以及随时间变化的 logistic 转移函数。如图 8.1(a)所示,数据序列可被分成两个状态,分别称之为经济周期的高通胀阶段和低通胀阶段。并且处在高通胀状态的时间小于处在低通胀状态的时间,即在此时期我国更多地处在低通胀状态。图 8.1(b)表明转移函数从一个状态转移到另外一个状态相对比较缓慢。

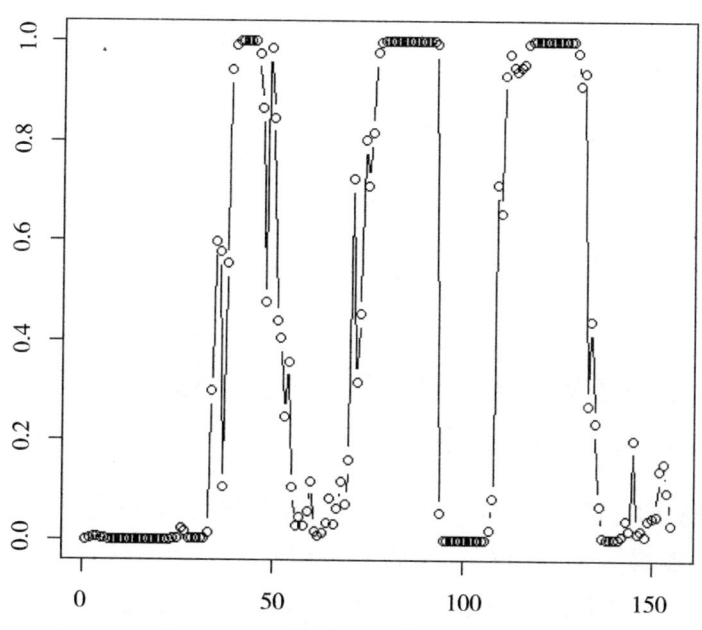

图 8.1(a)　随时间变化的区制转移轨迹

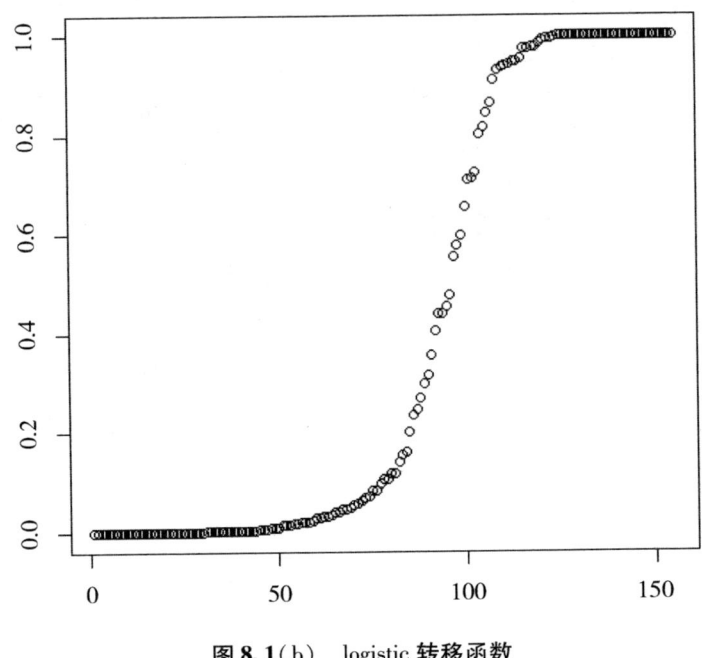

图 8.1(b)　logistic **转移函数**

　　类似地,利用上述 LM 线性检验方法对(8.2)估计的残差序列进行线性检验,在任何方程中都没有发现支持非线性的证据。因此,可以看出以核心通货膨胀率作为转移变量,平滑参数 γ 和门限参数 c 的值分别为 8.5 和 102.8 时,LSTVAR 模型充分捕捉了原始数据的非线性特征。

8.3　核心通货膨胀视角下货币政策的非对称性效应分析

　　根据门限估计值 $c=102.8$,将样本分别定义为高通胀子样本($CIR > 102.8$)和低通胀子样本($CIR > 102.8$)。在高通胀状态和低通胀状态下,通过计算货币供给量的一单位正标准差冲击对产出和价格的广义脉冲响应函数,来考察货币政策对产出和价格的非对称性效应。

8.3.1 不同通胀状态下货币政策的产出效应分析

基于核心通货膨胀率所处的不同状态,给出货币供给量对产出的广义脉冲响应函数,结果如图 8.2 所示。

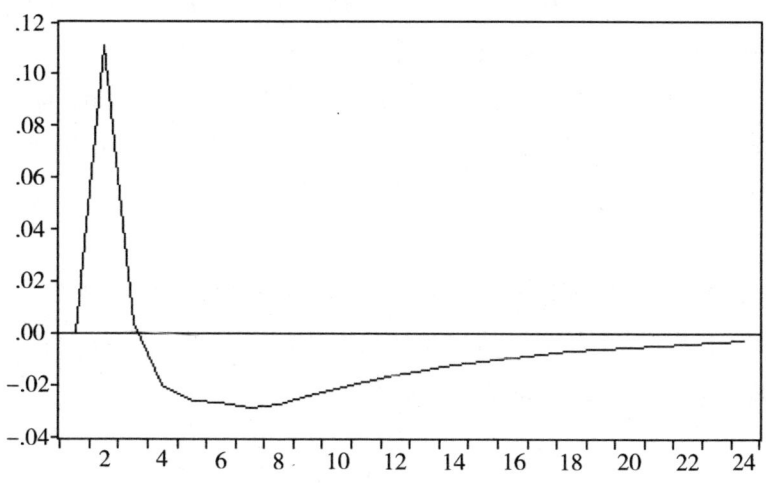

图 8.2(a) 在高通胀状态下 M1 冲击的产出效应

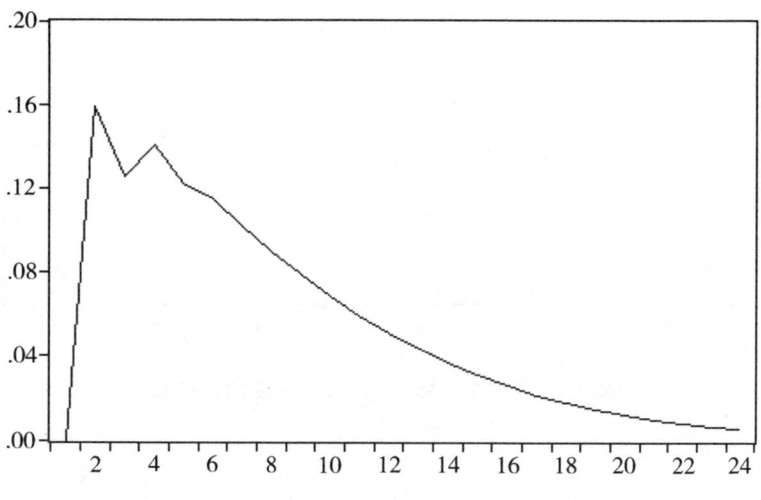

图 8.2(b) 在低通胀状态下 M1 冲击的产出效应

由图 8.2 可知,货币供给量对产出的冲击效应在两种状态下具有非对称性。具体地,在高通胀状态下[图 8.2(a)],M1 正冲击对产出的效应整体较小,在短期内具有正负交错的效应,在第 2 个月达到正的最大值为 0.11,第 3 个月变为负值,在第 6 个月达到负的最小值 -0.03。并且随时间的推移逐渐减弱到 0.00。而在低通胀状态下[图 8.2(b)],M1 正冲击对产出具有正效应而且整体比较大,在第 2 个月达到最大值为 0.16,随时间的推移逐渐减小到 0.00。相比而言,低通胀状态下的货币政策的产出效应为正且更显著。

8.3.2　不同通胀状态下货币供给量的价格效应分析

基于核心通货膨胀率所处的不同状态,给出货币供给量对价格变量的广义脉冲响应函数,结果如图 8.3 所示。

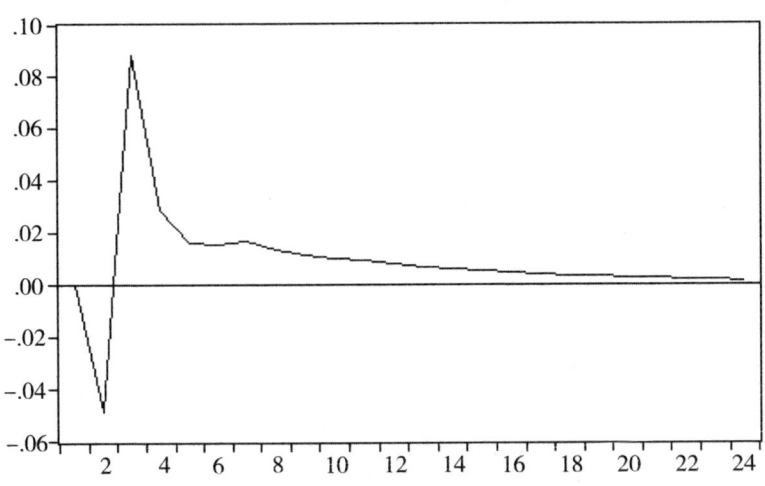

图 8.3(a)　在高通胀状态下 M1 冲击的价格效应

<<< 第8章 核心通货膨胀视角下的货币政策非对称性效应分析

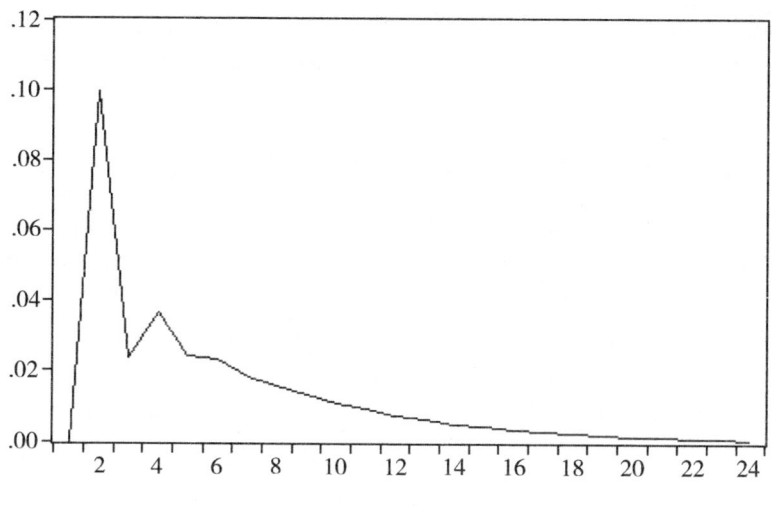

图 8.3(b)　在低通胀状态下 M1 冲击的价格效应

由图 8.3 可知,在两种状态下,货币供给量 M1 对价格的冲击效应具有明显的非对称性。在高通胀状态下[图 8.3(a)],M1 正冲击对价格在第 1 个月有一个小的负效应,紧接着就是显著的正效应,在第 3 个月达到最大值 0.09,随后逐渐减小到 0.00。在低通胀状态下[图 8.3(b)],M1 正冲击对价格具有正效应,在第 2 个月达到最大值 0.10,随时间的推移逐渐减小到 0.00。相比而言,低通胀状态的货币政策价格效应更显著且为正。

8.4　本章小结

本章将第 7 章所构建的核心通货膨胀率作为平滑转换函数的转换变量,基于 LSTVAR 模型分析货币政策的非对称性效应。实证结论表明,在由核心通货膨胀率确定的不同通胀状态下,货币政策对产出和价格具有显著的非对称性效应。低通胀状态下,扩张的货币政策更有效,同时物价上涨也更显著。

综上所述,由于货币政策的产出效应和价格效应较强地依赖于经济通胀的状态。所以,货币当局在进行宏观调控时,不仅需要构建更合理的核心通货膨胀率,而且需要通过核心通货膨胀率来确定当前经济处于高通胀状态还是低通胀状态。这样才能制定出更加科学的货币政策。

第 9 章

金融状况指数的测度及其与宏观经济的关系分析

金融状况指数(FCI)不仅影响到实体经济的产出和通货膨胀水平,也是货币政策传导的重要途径之一。因此,本章选取代表利率、汇率、股票价格和房地产价格等多个金融变量,利用动态因子模型提取其共同因子,并利用这些因子基于 VAR 模型构建了我国 FCI。在所构建的我国 FCI 基础上,展开对金融状况指数与宏观经济的相关研究:

第一,从频域和时域两个角度测度我国金融市场与宏观经济的关联性。实证结果显示,在小波变换下金融市场与宏观经济在长周期和短周期上存在非一致性。从长期来看,金融变量对实体经济有着较强的预测能力,领先于宏观经济变量的变动。这与相干谱和相位谱分析的结论一致。而短周期波动中,金融市场与宏观经济的影响关系存在易变性。因此,我国政府当局需要针对不同的周期来评价金融市场与宏观经济的相互影响关系,以便更好地应对金融市场对宏观经济的不利冲击。

第二,以 FCI 作为转移变量,建立了包含 FCI、产出和价格的 logistic 平滑转移的向量自回归(LSTVAR)模型,分析得到了宏观经济变量对金融状况指数冲击的响应依赖于金融状况的变迁。实证结果表明,在不同金融状况下,金融状况指数代表的金融市场对产出和价格的影响具有非对称性。在金融状况较好情形下,金融状况指数对产出具有显著的正向冲击效应。而在金融状况恶化的情形下,金融状况指数对产出具有显著负的即有害的影响。

9.1 金融状况指数的文献评述

9.1.1 金融状况指数简介

随着金融市场的迅速发展,虚拟经济与实体经济的关系越来越密切,虚拟经济在整个经济系统中的作用也越来越重要。2007年美国爆发的次贷危机,迅速地传导至实体经济,给美国乃至全球经济都带来了沉重的打击,导致大多数国家的产出严重下滑,物价水平也持续走低,失业明显增加。已有研究表明,一方面,金融市场状况影响到实体经济的产出和物价水平;另一方面,金融市场也是货币政策的传导的重要途径之一。即金融变量对实体经济有着较强的预测能力,领先于宏观经济变量的变动。因此,最早Goodhart和Hofmann(2001)在货币状况指数基础上,加入房地产价格和股权价格构建了FCI。近年来,国外一些政府和金融机构选取各类重要金融变量,使用各种模型方法,编制反映一国金融市场运行状况的FCI。比如,加拿大等国家央行不仅将FCI作为长期监测的重要指标,并将其作为货币政策制定的重要依据之一。尤其在金融危机爆发之后,对金融市场运行状况的监测引起更多国家和机构的关注。扩大金融指标的覆盖范围,优化金融变量的权重确定方法,编制预测能力更强、更具代表性的金融状况指数,成为近期金融状况监测领域的热点问题。

近年来,我国金融市场的发展已在不断完善。我国已初步建立起以各类商业银行、证券公司和保险公司为主体的比较健全和完善的金融组织体系。随着社会主义市场经济体制和新的金融体系的建立,我国的金融市场在不断探索中发展。目前,一个初具规模、分工明确的金融市场体系已经基本形成,成为社会主义市场经济体系的重要组成部分。资本市场中的股票市场和房地产市场发展逐步趋于成熟化。外汇市场中,虽然我国的名义汇率长期盯住美元,但真实有效汇率指数不断变化,对国际收支的变化有实际的影响,并间接影响国内的物价水平。同样地,尽管贷款利率还没有完全放开,但银行间市场上的同业拆借利率已成为有效反映货币市场状况的市场化利率。因此,以股价、房价、汇率和短期利率等为代表的金融变量所构建的我国 FCI,可以作为我国央行制定货币政策时的重要参考指标。

FCI 定义为金融变量的加权平均:

$$FCI_t = \sum_{i=1}^{K} \omega_{it} f_{it}$$

其中,ω 为权重,f_i 为金融变量,K 为变量个数,t 为时间。t 时刻的 FCI 就是各金融变量 t 时刻的加权平均值,有的研究中也使用了一些变量滞后若干期的值。各金融变量的权重在大多数方法模型中都不随时间变化,而是定期进行调整。如果我们以"0"为基准线,则当 FCI 大于 0 时,通常认为金融市场状况良好。当 FCI 小于 0 时,则认为金融市场状况恶化。

由 FCI 的定义可知,测度 FCI 主要是选取金融变量和确定各个金融变量的权重。

金融变量的选取方面。已有研究中常选用的金融变量包括:利率、汇率、股票市场价格和房地产市场价格等。在近几年国内外研究中,越来越多的金融变量被纳入到 FCI 的构建中,包括各类期货价格、信贷市场数据等。

FCI 权重确定的方法。

第一,最常用的方法就是基于 VAR 或 VECM 模型的脉冲响应分析。首先,把各金融变量和通货膨胀率作为内生变量,其他相关变量作为外生变量建立 VAR 或 VECM 模型;其次,通过脉冲响应分析,计算各金融变量一单位变动的冲击对通货膨胀率的影响;最后,根据影响程度的大小确定各金融变量的权重。

第二,比较常用的方法还有总需求方程缩减式。总需求方程的缩减式模型主要包括两个方程:反映产出缺口与利率、汇率及其他金融变量关系的 IS 曲线和反映通货膨胀与产出缺口关系的菲利普斯曲线:

IS 曲线：$y_t = \alpha_1 + \sum_{i=1}^{n1} \beta_i y_{t-i} + \sum_{j=1}^{n2} \gamma_j f_{1,t-j} + \cdots + \sum_{l=1}^{nK} \zeta_l f_{K,t-l} + \varepsilon_t$

菲利普斯曲线：$CPI_t = \alpha_2 + \sum_{i=1}^{m1} \rho_{1i} CPI_{t-i} + \sum_{j=1}^{m2} \rho_{2j} y_{t-j} + \sum_{l=1}^{m3} \rho_{3l} EXO_{t-l} + \eta_t$

其中，y_t 为 t 时刻的产出缺口，$f_1, f_2, \cdots, f_K$ 为 K 个金融变量，CPI_t 为 t 时刻通货膨胀率的表征指标，EXO 为其他外生变量。通过回归分析，根据变量在方程中的系数及其显著程度来确定金融变量在 FCI 中的权重。

第三，也有学者采用一些大型宏观模型来构建 FCI。大型宏观经济模型较以上两种方法更为复杂，是根据经济运行理论，建立若干联立方程组，构成整体经济的运行体系，通过仿真模拟来确定各类金融变量的变动对通货膨胀或者产出的影响程度，并据此确定各变量在 FCI 中的权重。但是此类模型中，关于各类金融变量对实体经济的传导路径尚没有统一的结论，且各国的经济体系并不完全相同。因此，此类方法在实际指数编制中的应用较少。

此外，近几年也出现了一些较新的研究方法，如通过卡尔曼滤波、空间计量模型确定动态变化的变量权重，和通过动态因子分析模型确定各变量权重等，都使得 FCI 对经济产出和通货膨胀的预测能力有所提高。这也是本章的研究方向之一。

9.1.2 FCI 相关文献评述

9.1.2.1 FCI 的国外文献评述

从采用不同的计量方法来看。第一，采用总需求缩减式。Mayes 和 Viren(2001)介绍了高盛(Goldman Sachs)等机构对 FCI 的实际应用，提出了采用 FCI 监测来辅助中央银行制定相应货币政策的方法，并使用加入股票价格等变量的 IS 曲线方程确定权重，构建了欧洲 11 个国家的 FCI。

第二，采用大型宏观模型。Lack(2003)在国际清算银行(Bank for International Settlements, BIS)的研究报告中使用瑞士央行的宏观经济模型确定变量权重,构建了瑞士的 FCI。

第三,采用 VAR 模型的脉冲响应分析方法。Swiston(2006)基于 VAR 脉冲响应分析构建了美国的 FCI,并证明其领先于 GDP 约 6—9 个月。Guichard 和 Turner(2008)除使用 VAR 脉冲响应分析外,还运用产出的缩减式方程,确定了两组权重编制美国的 FCI。Beaton 等(2009)指出,2007 年次贷危机使得金融状况对宏观经济的影响引起越来越多的关注,他们分别使用结构 VECM 模型和美国宏观经济模型(Model of the U. S. Economy,MUSE)选择不同变量编制了两套美国的 FCI。

第四,采用动态因子模型。English 等(2005)检验了多个金融变量对宏观经济的预测能力,并基于动态因子模型编制了德国、英国和美国的 FCI。Hatzius 等(2010)分析了金融状况与实体经济之间的联系,基于包括调查数据在内的更为广泛的金融状况变量,使用动态的因子分析模型构建了美国的 FCI。Galvao 和 Owyang(2013)首先利用动态因子模型得到 FCI,然后利用 FCI 和工业增加值增长率、标题 CPI 构成 STVAR 模型,分析了 FCI 对宏观经济的影响。Debuque – Gonzales 等(2013)基于因子模型构建了包含中国香港在内的部分亚洲国家和地区的 FCI。Angelopoulou 等(2014)基于主成分法构建了欧洲地区的 FCI,并基于 FCI 分析了货币政策的非对称性效应。

第五,采用动态权重等其他方法。Holz(2005)使用回归方程的方法确定指标权重编制了欧盟的 FCI,并与使用高盛的权重确定方法得到的指数数据进行对比。Montagnoli 和 Napolitano(2005)使用卡尔曼滤波算法确定动态变化的权重,构建了美国、加拿大、欧元区和英国的 FCI。Wang 等(2007)基于更广泛的美国政府的相关年度数据测度了美国的金融状况,并探讨了金融状况与社会经济变量之间的关系。Premsingh(2010)分析了金融状况变量对印度经济的影响,并编制了印度的 FCI。Gary 和 Dimitris(2013)基于时变 FAVAR 模型和因子扩展的时变 VAR 模型对通货膨胀率的脉冲响应函数得到 FCI。

综上所述,国外关于金融状况指数构建的趋势是,选取的金融变量越来越丰富,而且越来越多的文献采用了动态因子模型和动态权重的方法。在金融状况指数的应用方面,越来越多的文献关注于金融状况指数与宏观经济的关联性,并利用金融状况指数表征金融市场状况,测度金融市场对货币政策传导机制的影响程度。

9.1.2.2 FCI 的国内文献评述

近几年,对我国 FCI 的研究也越来越多。仍从采用的计量方法来看,第一,基于 VAR 模型的脉冲响应分析的 FCI 构建。最早,王玉宝(2005)通过 VAR 模型构建了我国 FCI,而且得到 FCI 与通货膨胀指标 CPI 之间存在很高的相关性。并且 FCI 是引致 CPI 的原因,表明资产价格具有明显的信息作用。封北麟和王贵民(2006)使用 VAR 脉冲响应分析确定权重,不同与王玉宝(2005)的是,加入真实货币供应量编制了我国的 FCI。王彬(2009)采用 VAR 模型计算出反映月度中国货币及金融市场形势变化的 FCI,得到 FCI 对通货膨胀有较好的预测能力,包含未来通货膨胀的信息。并将 FCI 纳入麦克勒姆规则对中国货币政策进行检验,得到中央银行货币政策总体上遵循该规则。戴国强和张建华(2009)利用 VECM 模型构建了我国 FCI,并对我国通货膨胀进行预测检验,发现 FCI 能够在金融市场频繁波动、资产价格急剧变化的市场条件下,对通货膨胀做出及时、有效的预测。李成等(2010)采用 VAR 模型计算出能够反映和测度我国货币金融形势变化的 FCI,并基于 VAR 模型和多元 GARCH – BEKK 模型得到,FCI 对通货膨胀构成单向均值溢出效应,实际经济增长对 FCI 构成单向均值溢出效应,FCI 与通货膨胀、实际经济增长分别存在双向波动溢出效应。巴曙松和韩明睿(2011)运用 SVAR 模型构建了包括真实短期利率、房地产价格指数、真实有效汇率指数、真实股权价格指数以及货币因素在内的 FCI。封思贤等(2012)通过广义脉冲响应函数测算了我国的 FCI,并实证分析了 FCI 对我国通胀未来趋势的预测能力。郭晔和杨娇(2012)分别用两种 VAR 模型构建了包含实际房价缺口、实际利率缺口、实际汇率缺口和实际股价缺口在内的我国 FCI,并且以次贷危机为基准划分两个子样本进行 FCI 的构成比较。通过比较,发现我国的房地产价格和股票价格对通货膨胀的影响已经大大增强,在次贷危机之前房价的影响大,而次贷危机之后股价的影响大。廖信林等(2012)通过运用广义脉冲响应函数方法构建了我国 FCI,并基于马尔可夫区制转换模型对我国的通货膨胀进行分析得到,相对于低通胀区制,FCI 在高通胀区制下对通货膨胀具有更好的解释与预测作用。并认为在高通胀阶段,FCI 指标可以作为通胀的辅助指标纳入央行货币政策的关注范围。徐国祥和郑雯(2013)首先基于 SVAR 模型构建了我国 FCI。其次基于谱分析方法发现,中国金融状况指数与宏观经济景气指数中的一致指数、环比和同比 CPI 三个指标之间均存在 39 个月的耦合震荡周期,且中国金融状况指数领先三个指标。得到我国 FCI 对宏观经济景气指数中的一致指数以及对通货膨胀均具有先导性和强相关性,可作为其他宏观经济指标的先行指标。

第二,基于总需求方程缩减式的 FCI 构建。刁节文和章虎(2012)基于总需求方程缩减式构建包含利率、汇率、资产价格以及货币供给因素具有动态权重的金融形势指数 FCI,将其作为信息变量纳入到线性和非线性泰勒规则中进行实证分析,对非线性进行拓展性研究表明,当通胀达到一定程度时,利率和 FCI 指数才具有稳定关系。文青(2013)运用总需求方程缩减式模型对我国 FCI 进行了测算和效用检验。结果表明,与任何单一变量相比,FCI 更能有效捕捉我国金融运行状况和预测未来经济走势,可以成为中央银行货币政策决策的重要指示器。

第三,基于宏观经济模型的 FCI 构建。王维国等(2011)在宏观经济 AD – AS 框架下推导 FCI 的数理模型,基于联立方程模型构建了我国 FCI。而且引入"适应性预期"后,把随机游走理论和 VAR 模型相结合,认为使用 FCI 可较好地对通胀作出样本外预测。最后指出我国通胀形成在某种意义上带有"适应性"特征,居民和企业都倾向于支持之前的通胀信息,而其余新信息则主要影响通胀的非趋势性部分。

第四,基于状态空间模型等其他方法的 FCI 构建。陆军等(2011)采用递归广义脉冲响应函数方法构建了中国 FCI,指出 FCI 对未来一个季度的产出和通胀水平都具有较好的预测能力,且更适用于预测未来通胀。并认为有必要将 FCI 作为一个金融市场变量纳入菲利普斯曲线框架下,以分析金融市场对通胀的影响。卞志村等(2012)首先利用状态空间模型构建了时变系数的我国 FCI,结果表明 FCI 对未来产出和通货膨胀率均具有良好的预测能力。并将 FCI 作为整体金融形势宽松程度指标纳入货币政策反应函数进行研究。余辉和余剑(2013)通过时变参数状态空间模型估算不同经济因素的动态权重,并以此为基础构建了我国 FCI,认为 FCI 能够体现不同形势下不同经济因素对金融总体形势的影响,并反映货币政策传导渠道的效应。

其中,陆军和梁静瑜(2007)对所构建的我国 FCI 的波动原因进行了解释,并认为 FCI 对 CPI 有较强的预测能力。郭琨和成思危(2011)回顾了国内外对 FCI 构建的重要文献,并对国外相关机构的 FCI 实例进行调研,总结了构成 FCI 的主要金融变量及其权重确定方法,并结合我国实际情况,分析各种指标、方法在我国的适用性。

综上所述,已有我国 FCI 的构建存在采用的计量方向相对比较单一、包含的金融变量较少和样本区间较短等不足。本章借鉴 English 和 Tsatsaronis(2005)的动态因子模型,首先选取代表利率、汇率、股票价格和房地产价格等的金融变量,利用动态因子模型提取其共同因子,并利用这些因子基于 VAR 模型构建我国的 FCI。接着,基于互谱分析和小波分析,测度金融市场和宏观经济的关联性。最后,借鉴 Galvao 和 Owyang(2013)的研究思路,以 FCI 作为转移变量,建立包含 FCI、产出和价格的 LSTVAR 模型,研究在不同的金融状况下,FCI 对宏观经济的影响。

9.2 基于动态因子模型的 FCI 测度

9.2.1 变量的选取和处理

借鉴已有文献关于 FCI 构建的金融指标选取标准,基于能包含更多金融变量的同时增加样本量的原则,本章选取样本区间为 2001 年 1 月至 2013 年 12 月。具体变量选取和处理如下:

实际通货膨胀率。按照已有的做法利用 CPI 作为通货膨胀率的代理变量。实际通货膨胀率的获取借鉴郭晔和杨娇(2012)的处理方法。首先以 2000 年 1—12 月一年内的环比 CPI 作为定基数据,再根据各年份 CPI 月度同比数据计算出以 2000 年 1 月为基期的绝对 CPI,记作 CPI。CPI 环比及同比数据均来自国家统计局网站。

实际产出。借鉴余辉和余剑(2013)采取将季度 GDP 累计值转成当季发生额后,利用"二次函数与和相匹配"的方法转换成月度 GDP 数据。然后,以定基 CPI 将名义 GDP 换算为实际 GDP,记作 GDP。

实际利率。一方面,选取更多文献中采用的 7 天银行间同业拆借利率,实际利率等于名义利率减去通货膨胀率,记作 R1;另一方面,借鉴文青(2013)选用的市场化程度相对较高和历史数据时段更长的中国外汇交易中心公布的七天回购移动平均利率,选取的加权方式为算术加权,对每个月的数据计算平均值得到月度七天回购移动平均利率数据减去通货膨胀率,记作 R2。

实际货币供应量。货币供给量在我国货币政策操作中占有重要地位,为了包含更多的货币供给量相关信息,本章不仅参照已有文献选取 M2,而且增加了货币供给量 M0 和 M1,对这些名义变量除以定基通货膨胀率计算得到实际货币供给量,仍分别记作 M0、M1 和 M2。

实际有效汇率。本章不仅采用国际货币基金组织(IMF)公布的实际有效汇率指数(REER),它是经过 CPI 调整后得到的。目前 IMF 公布的人民币名义和实际有效汇率都是以 2010 年为基期的人民币有效汇率。数据来自国际清算银行官方网站,记作 REER1。而且采用圣路易斯的联邦储备银行公布的人民币对美元的汇率的月度数据,记作 REER2。

实际房价指数。一方面,选取更多文献所采用的以国家统计局公布的国房景气指数除以定基 CPI 代表实际房价,记作 H1,数据来自中经网。另一方面,利用国家统计局提供的变量"商品房销售额"除以变量"商品房销售面积"作为我国名义房地产价格,并除以当期 CPI 得到实际房地产价格数据,记作 H2,相关数据来自国家统计局网站。

实际股票价格指数。借鉴大多文献采用上证综合指数月末收盘价除以定基 CPI,记作 SZZZ。虽然,刁节文和章虎(2012)认为沪深 300 指数考虑了 A 股市场整体的走势,反映了中国证券市场股票价格变动的概貌和运行状况,采用其每月末的收盘价格作为名义股票价格指数,但该数据最早是从 2005 年 1 月开始公布的,为了包含更长区间的信息,本章只能类似地增加了实际深圳成指(名义深证成指月末收盘价除以定基 CPI),记作 SZCZ。

针对以上 11 个变量,预处理如下:对变量波动比较大的,比如,由于近年股价波动较为剧烈,为了消除序列中的异方差对实际股价取对数。同时对存在季节因素的变量利用 X12 进行调整。因为动态因子模型要求变量是平稳的,所以对所有变量进行 ADF 单位根检验,对非平稳的变量进行差分处理。为了消除量纲的影响,对各个变量均进行标准化处理。

根据 Goodhart 和 Hofmann(2001)的论证,金融变量的长期趋势值都使用 HP 滤波方法计算,鉴于我们采用的是月度数据将参数 λ 取为 14400。金融变量的缺口等于变量实际值减去变量趋势值。通过以上处理的变量仍用原记号。

9.2.2　基于动态因子模型的 FCI 测度

表 9.1 给出了各类金融变量的 KMO 和 Bartlett 检验结果。由表 9.1 可

知,KMO 值为 0.78 大于 0.5,样本量是足够的。另外,Bartlett 球形度检验对应的 P 值为 0.00。所以,在 5% 的显著性水平下,以上变量适合进行因子分析。

表 9.1　KMO 和 Bartlett 的检验结果

检验统计量	统计量对应的观测值	统计量对应的 P 值
KMO 统计量	0.78	——
Bartlett 统计量	4288.31	0.00

由 Jscobs 和 Otter(2008)的最小熵方法确定因子个数为 3,分别记作 FAC1、FAC2 和 FAC3。通过主成分法给出潜在金融因子所包含的信息如表 9.2 所示,选取 3 个金融因子能解释总方差的 94.02%。然后,基于时域主成分估计方法得到它们的估计值。

表 9.2　潜在金融因子所包含的信息

潜在因子	FAC1	FAC2	FAC3	合计
解释总方差的百分比	68.04	15.15	10.82	94.02

为了基于 VAR 模型确定共同金融因子的权重,我们构建包含通货膨胀率(采用同比 CPI 数据)和 3 个金融因子的 VAR 模型,由 AIC 准则确定滞后阶数为 3。得到 3 个金融因子对通胀率的脉冲响应图 9.1:

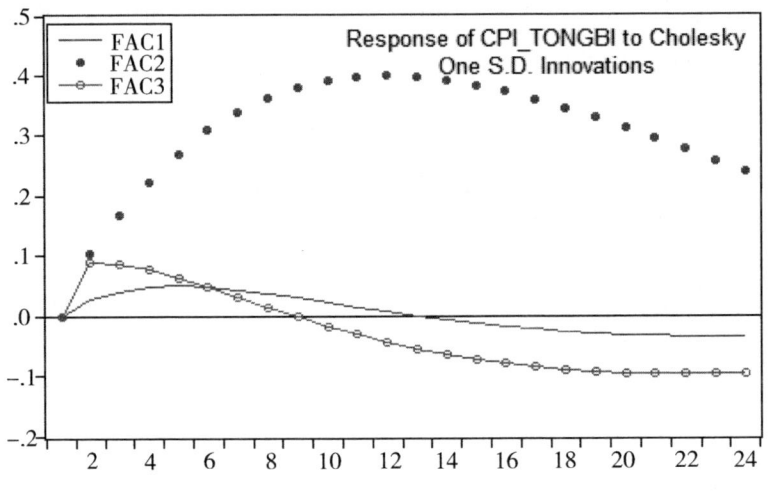

图 9.1　CPI 对 3 个金融因子的冲击响应图

由图 9.1 可知，FAC2 对通货膨胀率冲击的效应最显著，其次是 FAC3。类似已有文献，根据每个金融因子对通胀率冲击绝对值的平均值作为该金融因子的权数，可得 FCI 的计算表达式如下：

$$FCI_t = 0.07 * FAC1_t + 0.77 * FAC2_t + 0.16 * FAC3_t$$

9.3　金融状况指数与宏观经济的关联性测度

为了测度我们所构建 FCI 与宏观经济的关联性。一方面，我们基于谱方法利用周期谱图和互谱分析对它们的相关性进行了分析。另一方面，基于小波分析方法，我们有区别地从短期和长期分析 FCI 和宏观变量的相关关系及因果关系。

9.3.1　基于互谱分析的 FCI 与宏观经济的关联性测度

借鉴徐国祥和郑雯（2013）采用的谱分析方法。本章宏观经济变量的代理变量如下,选取反映经济增长的 GDP 增长率,仍记为 GDP。反映物价水平的同比通货膨胀率水平,记作 CPI 和可以综合反映总体经济的变动情况的一致指数,记作 CI。首先,采用 X12 方法对 GDP、CI、CPI 和 FCI 原始序列进行季节调整;其次,对季节调整后序列进行参数为 14400 的 HP 滤波,最终得到四个序列的周期项序列,依次记为 GDP_cycle、CPI_cycle、CI_cycle 和 FCI_cycle。对周期项序列进行平稳性检验可知,在 5% 的显著性水平下,四个周期项均平稳。

从单变量谱密度来看,为了消除样本谱的方差,采用了 AR 谱估计,具体地,GDP_cycle 基于 AR(8) 模型、CPI_cycle 基于 AR(13)、CI_cycle 基于 AR(3) 和 FCI_cycle 基于 AR(8) 得到了对应的样本谱图如图 9.2 所示。

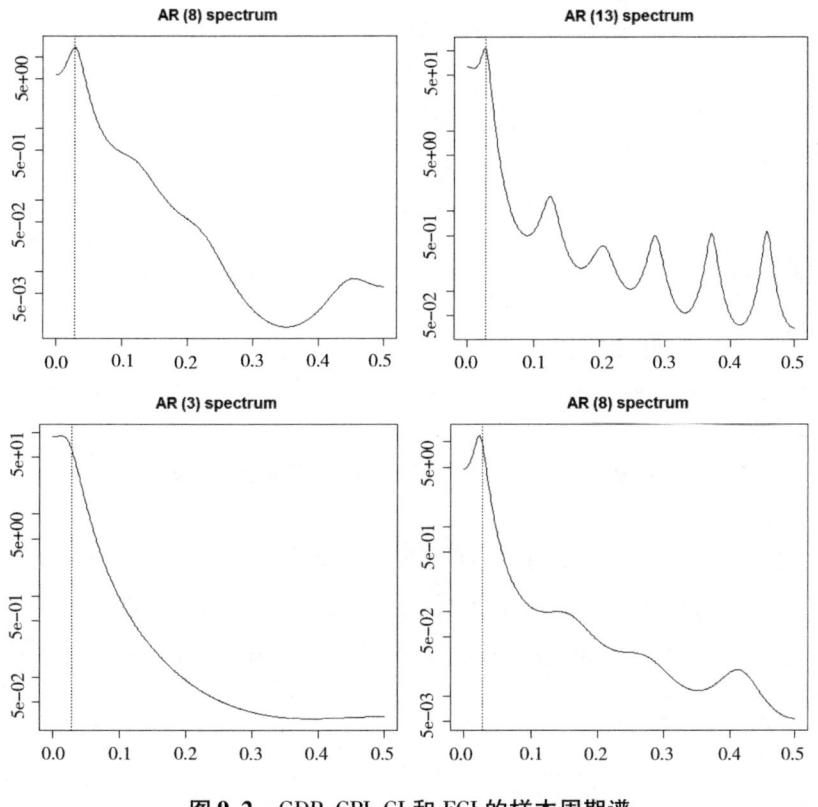

图 9.2 GDP、CPI、CI 和 FCI 的样本周期谱

如图9.2所示,FCI和宏观经济变量(CI除外)的周期项对应的主周期长度均大致为36个月(频域约为0.028)。这说明我国金融状况指数、与宏观经济变量中的GDP增长率和CPI均存在36个月的周期波动,即我国金融市场与宏观经济的波动具有大致相同的周期。有必要进一步分析金融市场状况对宏观经济的影响程度。

为了进一步分析FCI与宏观变量的相关关系,给出FCI与宏观变量的交叉谱分析结果如图9.3所示:

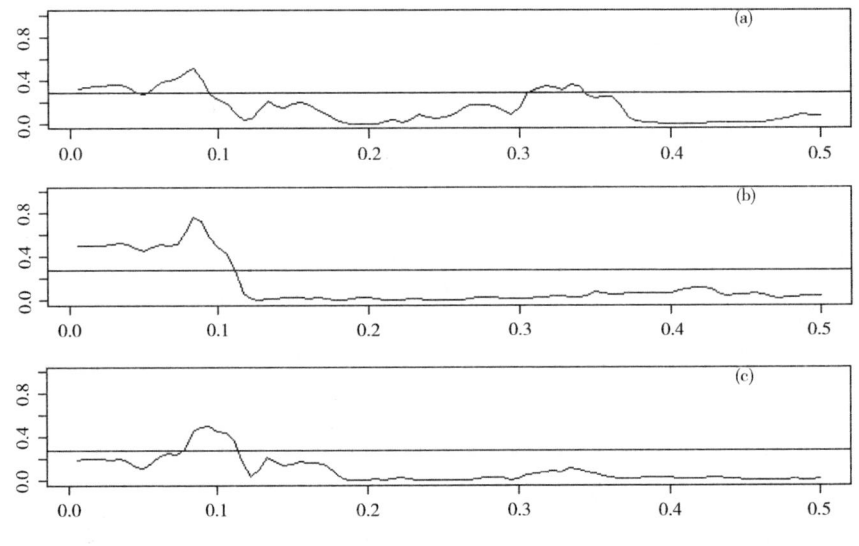

图9.3 FCI与GDP、CPI和CI的平方相干函数

由图9.3可知,从长期(频率大约小于0.1,周期大于10个月)来看,FCI与GDP、FCI与CPI以及FCI与CI的波动存在非常强的相关性。为了进一步反映FCI与GDP、CPI和CI在各频率上的相位差,我们得到它们的相谱如图9.4所示:

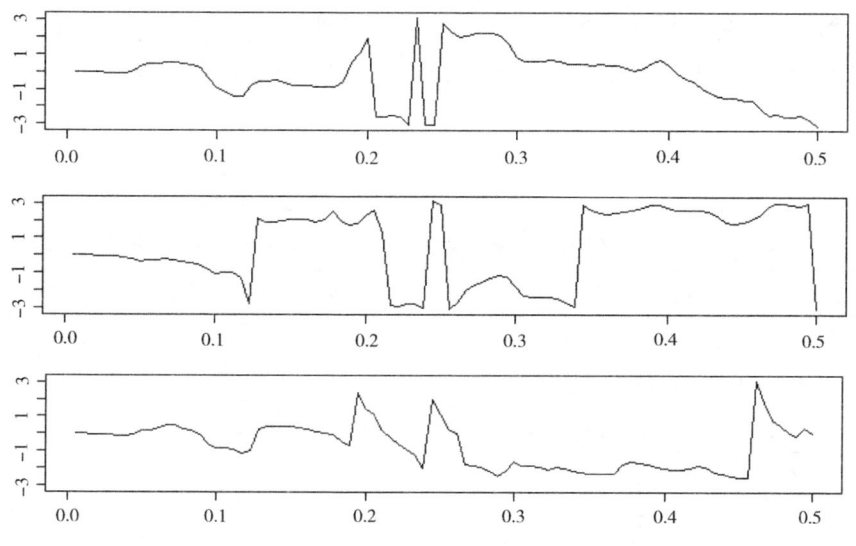

图 9.4　FCI 与 GDP、CPI 和 CI 的相谱

由图 9.4 直观地看到,FCI 与宏观经济变量的领先与滞后关系随着周期的不同而不同。具体地,基于相谱除以频率得到时差统计量,从长期来看,FCI 的波动趋势领先 GDP 大约 6.28 个月、领先 CPI 大约 6.28 个月、与 CI 基本同步仅仅领先 CI 大约 0.12 个月。经济含义为,从长期来看,FCI 对宏观经济指标有先导作用,可作为宏观经济指标的先行指标。这与已有文献的研究结论基本一致。

9.3.2　基于小波方法的 FCI 和宏观经济的关联分析

对序列 GDP、CI、CPI 和 FCI,比较基于不同的小波基底和分解层数下的离散小波变换结果,本章选择了基于 Daubechies 小波系中的 db4 作为基底,将小波变换的最大尺度取为 $2^3 = 8$ 个月。小波分解后的第一层尺度为 2^1,是周期 1—2 个月的分量,即频率为 0.5—1 的分量;第二层尺度为 2^2,是周期 3—4 个月的分量,即频率为 0.25—0.5 的分量;第三层尺度为 2^3,是周期 5—8 个月的分量,即频率为 0.125—0.25 的分量。小波分解后第三层尺度以外的分量即周期大于8个月的分量,作为序列的长期趋势。于是,得到序列 GDP、CI、CPI 和 FCI 在各个周期分量上的细节值和长期趋势值。并在各个周期分量上检验 FCI 与宏观经济分量进行 Granger 因果检验。检验结果如表9.3—9.6所示。

表9.3　FCI 与宏观经济变量对应 1–2 个月分量的 Granger 因果检验

原假设	滞后阶数	F 统计量	P 值
FCI 不是 GDP 的 Granger 因	8	6.27	0.00**
GDP 不是 FCI 的 Granger 因	8	2.35	0.02**
FCI 不是 CPI 的 Granger 因	8	1.39	0.21
CPI 不是 FCI 的 Granger 因	8	1.27	0.26
FCI 不是 CI 的 Granger 因	8	1.62	0.12
CI 不是 FCI 的 Granger 因	8	2.58	0.01**

注:**表示在5%显著性水平下显著,下同。

由表9.3可知,在1—2个月内,FCI 与 GDP 互为因果,CI 是 FCI 的原因,FCI 与 CPI 无显著的因果关系。经济含义是,从1—2个月的时间范围来看,实体经济与金融市场是相互促进、相互影响的。宏观景气指数对金融市场有一定的引导作用,而此期间的通货膨胀与金融市场关系不明显。

表9.4　FCI 与宏观经济变量对应 3–4 个月分量的 Granger 因果检验

原假设	滞后阶数	F 统计量	P 值
FCI 不是 GDP 的 Granger 因	6	1.26	0.28
GDP 不是 FCI 的 Granger 因	6	0.85	0.53
FCI 不是 CPI 的 Granger 因	6	0.06	1.00
CPI 不是 FCI 的 Granger 因	6	0.07	1.00
FCI 不是 CI 的 Granger 因	8	1.16	0.33
CI 不是 FCI 的 Granger 因	8	2.40	0.02**

<<< 第9章 金融状况指数的测度及其与宏观经济的关系分析

由表9.4可知,在3—4个月的观测期内,FCI与GDP、CPI均无显著的因果关系,唯有CI仍是FCI的原因。经济含义是,从3—4个月的时间范围内,实体经济与金融市场不存在显著地相互影响关系,唯有宏观景气指数仍对金融市场有一定的引导作用。

表9.5　FCI与宏观经济变量对应5-8个月分量的Granger因果检验

原假设	滞后阶数	F统计量	P值
原假设	滞后阶数	F统计量	P值
FCI不是GDP的Granger因	8	1.03	0.41
GDP不是FCI的Granger因	8	2.76	0.01**
FCI不是CPI的Granger因	8	3.54	0.00**
CPI不是FCI的Granger因	8	0.69	0.70
FCI不是CI的Granger因	8	8.35	0.00**
CI不是FCI的Granger因	8	2.78	0.01**

由表9.5可知,在5—8个月内,GDP是FCI的原因,FCI是CPI的原因,CI与FCI互为因果。经济含义是,从半年左右的时间范围看,实体经济与金融市场之间的影响关系逐步显现,实际产出的增加促进金融市场的繁荣。反过来,金融市场影响价格水平。同时,宏观景气指数与金融市场存在一定的相互引导作用。

表9.6　FCI与宏观经济变量对应趋势分量的Granger因果检验

原假设	滞后阶数	F统计量	P值
FCI不是GDP的Granger因	6	9.13	0.00**
GDP不是FCI的Granger因	6	0.75	0.61
FCI不是CPI的Granger因	6	6.87	0.00**
CPI不是FCI的Granger因	6	1.98	0.07
FCI不是CI的Granger因	6	5.62	0.00**

续表

原假设	滞后阶数	F 统计量	P 值
CI 不是 FCI 的 Granger 因	6	1.96	0.07

由表 9.6 可知,从长期来看,FCI 是 GDP 和 CPI 的原因,CI 与 FCI 仍互为原因。此结论与谱分析结论相一致。经济含义是,从长期来看,金融变量对实体经济有着较强的预测能力,领先于宏观经济变量的变动。

9.3.3 结论及政策建议

本节从频域和时域两个角度测度我国 FCI 与主要宏观经济指标的关联性。实证结果表明:

第一,由谱图分析可知,FCI 和宏观经济变量的周期项对应的主周期长度均大致为 36 个月(频域约为 0.028)。这说明我国金融市场与宏观经济的波动具有大致相同的周期。

第二,由互谱分析可知,从长期来看,FCI 对其他宏观经济指标有先导作用,可作为其他宏观经济指标的先行指标。

第三,在小波变换下,金融市场与宏观经济长短周期波动存在非一致性。从长期来看,金融变量对实体经济有着较强的预测能力,领先于宏观经济变量的变动。这与相干谱和相位谱分析的结论一致。而短周期波动中,金融市场与宏观经济的影响关系存在易变性。

因此,政府当局为了准确评价金融市场与宏观经济的关联性。首先,需要选取代表金融市场状况的金融变量,利用恰当的计量方法构建能更好反映我国金融市场状况的 FCI。其次,为了准确测度金融市场与宏观经济的关联性,需要针对周期长短的不同,来分析 FCI 对宏观经济指标是否具有先导作用。以便更好地应对金融市场的冲击对实体经济的影响。

9.4 金融状况指数对宏观经济的非对称性影响分析

金融市场对宏观经济影响的已有研究。金融危机强调了识别高金融状况周期的重要性,这些周期对宏观经济有重要且有害的影响。Balke(2000)研究了信贷机制对宏观经济的非线性冲击。Davig 和 Hakkio(2010)探讨了金融压力对宏观经济的影响特征。在我国,胡谍(2011)以房地产投资和房价作为房地产市场的代表变量,得到房地产投资短期内对宏观经济增长有推动作用,但长期来看房地产投资不构成经济增长的 Granger 原因。最近,Galvao 和 Owyang(2013)基于 LSTVAR 模型发现金融趋势对宏观经济的动态影响取决于所处的经济环境。当处在金融状况恶化状态时,金融波动对宏观变量具有更长久的负面影响。王国静和田国强(2014)指出金融冲击是驱动中国经济周期波动的最主要力量,它在解释产出增长等的波动方面体现出非常重要的作用。即使存在其它多个冲击,金融冲击仍然能够解释近 80% 的产出增长波动。

综上所述,国内很少有文献以 FCI 表征金融市场状况,研究金融市场对宏观经济冲击的非对称性。本节借鉴 Galvao 和 Owyang(2013)的研究思路,以 FCI 作为转移变量,建立包含 FCI、产出和价格的 LSTVAR 模型,研究在不同金融状况下 FCI 对宏观经济的影响。

9.4.1 LSTVAR 模型的线性检验和估计

模型的线性检验及非线性模型设定。针对包含 FCI、产出缺口(GDP)和通货膨胀率变动(CPI)的线性 VAR 模型,根据滞后阶数确定的 Schwatz 信息准则,得到最优的线性 VAR(1)模型:

$$y_t = A + By_{t-1} + u_t \tag{9.4.1}$$

其中,$y_t = (FCI_t, GDP_t, CPI_t)$,模型(9.1)的备择假设 LSTVAR 模型为:

$$y_t = A_1 + B_1 y_{t-1} + (A_2 + B_2 y_{t-1})F(\gamma, c; s_t) + u_t \quad (9.4.2)$$

本节将 FCI 及其滞后变量作为可能的转换变量,反映金融市场状况。

为了模型的线性检验,利用 LM 检验对(9.4.2)中每个方程进行检验: $H_0: \gamma = 0, H_1: \gamma > 0$。首先,对(9.1)进行逐个方程回归,得到每个回归方程的残差拟合值 e_{it} 和残差平方和 SSR_i^0。然后,对 e_{it} 关于 y_{it-1}、$s_t y_{it-1}$ 进行回归获得残差平方和 SSR_i^1。最后,对每个 i 计算 LM 统计量:$LM_i = T(SSR_i^0 - SSR_i^1)/SSR_i^0$。在原假设下,$LM_i$ 渐近服从 $\chi^2(3)$。

而且,应用 LR 检验对整个系统进行线性检验,即每个方程都满足 $H_0: \gamma = 0$。令 $\Omega_0 = \frac{1}{T}\sum_t SSR_i^0$,$\Omega_1 = \frac{1}{T}\sum_t SSR_i^1$,LR 统计量为:$LR = T\{\log|\Omega_0| - \log|\Omega_1|\}$。在原假设下,LR 渐近服从 $\chi^2(9)$。

以 FCI_t 及其滞后变量作为可能的转移变量,表 9.7 报告了模型的非线性检验结果。

表 9.7 非线性检验的 P 值

转移变量	LM 检验			LR 检验
	FCI	GDP	CPI	
FCI_t	0.00	0.74	0.81	0.85
FCI_{t-1}	0.61	0.74	0.71	0.91
FCI_{t-2}	0.00	0.90	0.53	0.85
FCI_{t-3}	0.00	0.86	0.38	0.80
FCI_{t-4}	0.00	0.00	0.02	0.08
FCI_{t-5}	0.00	0.00	0.05	0.18

表 9.7 表明,当使用 FCI_{t-4} 作为转移变量时,在 10% 的显著性水平下,不仅由 LM 检验可知,各个方程都拒绝线性假设。而且通过 LR 检验可以拒绝 VAR 模型的线性假设,支持 LSTVAR 模型设定。

LSTVAR 模型的估计。运用非线性最小二乘方法(NLS)对 LSTVAR 模型进行估计,得到调整平滑程度参数 γ 和门限参数 c 的估计值分别为 8.00 和 0.00。图 9.5 给出了以 FCI_{t-4} 为转移变量时的区制转移轨迹以及随时间变化的 logistic 转移函数。如图 9.5(a)所示,数据序列可被分成两个状态,当 $FCI_{t-4} \geqslant 0$ 时,定义为金融状况良好;当 $FCI_{t-4} < 0$ 时,定义为金融状况恶化。图 9.5(b)表明转移函数从金融状况恶化状态转移到金融状况良好状态相对比较缓慢。

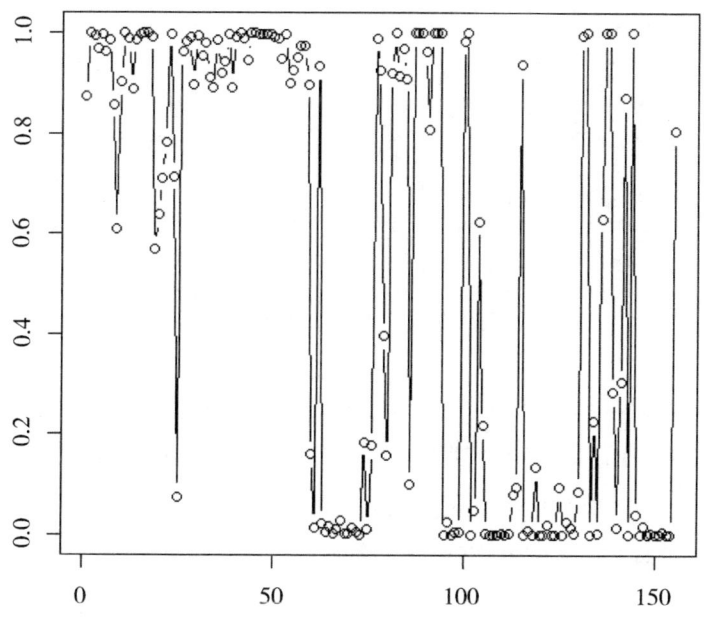

图 9.5(a)　随时间变化的区制转移轨迹

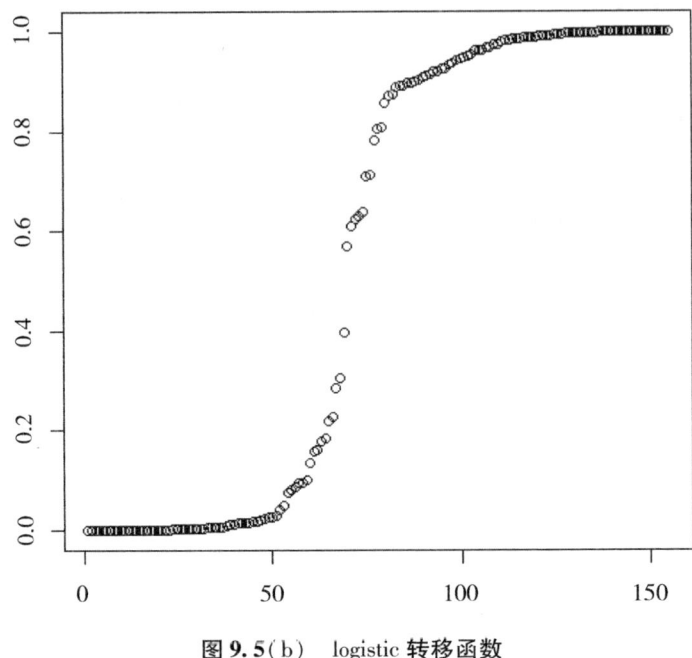

图 9.5(b) logistic 转移函数

类似地,利用上述 LM 线性检验方法对(9.2)式估计的各个残差序列进行线性检验,在任何方程中都无非线性特征。因此,可以看出以 FCI_{t-4} 作为转移变量,平滑参数 γ 和门限参数 c 的值分别为 8.00 和 0.00 时,LSTVAR 模型充分捕捉了原始数据的非线性特征。

9.4.2 不同金融状况下 FCI 对宏观经济的冲击分析

根据门限估计值 $c = 0.00$,本章将样本分为金融状况较好的子样本($FCI_{t-4} \geqslant 0$)和金融状况恶化的子样本($FCI_{t-4} < 0$)。通过分别计算两个状态下 FCI 对产出和价格的一单位正标准差冲击的广义脉冲响应函数,来考察金融状况指数对宏观经济影响的非对称性效应。

给出在不同金融状况下,金融状况指数对价格的广义脉冲响应函数,如图 9.6 所示。

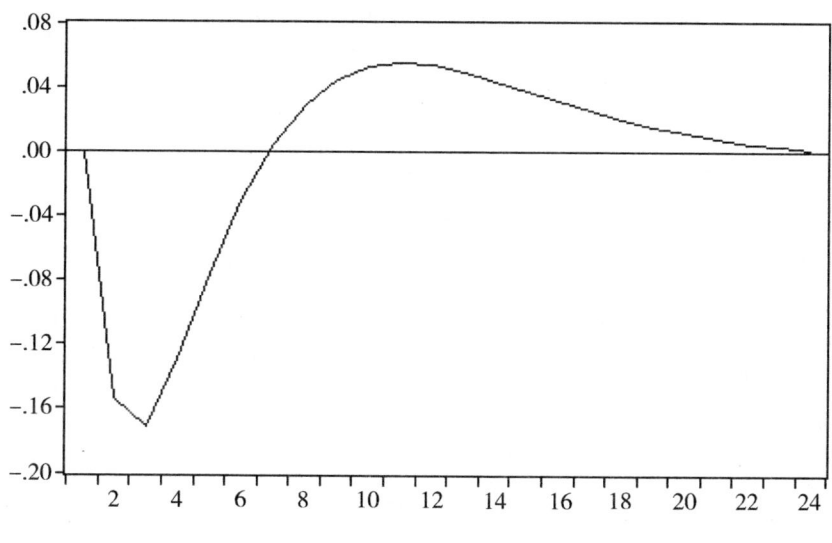

图 9.6(a) 金融状况良好下 FCI 冲击的价格效应

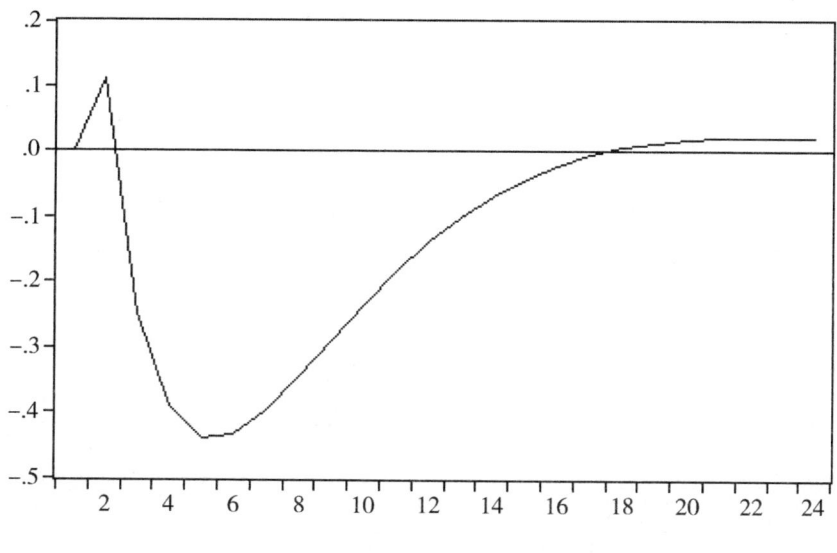

图 9.6(b) 金融状况恶化下 FCI 冲击的价格效应

由图 9.6 可知,已知金融状况指数对价格一个标准差的冲击,在金融状况较好即金融环境良好状态下,价格在短期内有下降的效应,第 3 个月达到

最小值为 -0.15,6 个月后转换为正的效应,在第 12 个月时达到最大值为 0.05,随后逐步减小到 0.00,24 个月后效应消失。而在金融状况恶化即金融环境差的状态下,价格在前 3 个月存在短暂且较小的正效应,接下来变为负效应,在第 6 个月降幅达到最大为 -0.45,随后幅度逐步减小到 0.00,18 个月后效应基本消失。

所以,不同的金融状况下,金融状况指数代表的金融市场对价格的影响具有非对称性。相比而言,金融状况恶化情形下,金融状况指数对价格的冲击效应更显著。经济含义为,在金融市场运行良好时期,金融市场短期内对通货膨胀有一定的抑制作用,长期内随着金融市场的发展会伴随一定的通货膨胀。在金融市场状况恶化时期,通常伴随着通货紧缩。

给出在不同金融状况下,金融状况指数对产出的广义脉冲响应函数,如图 9.7 所示。

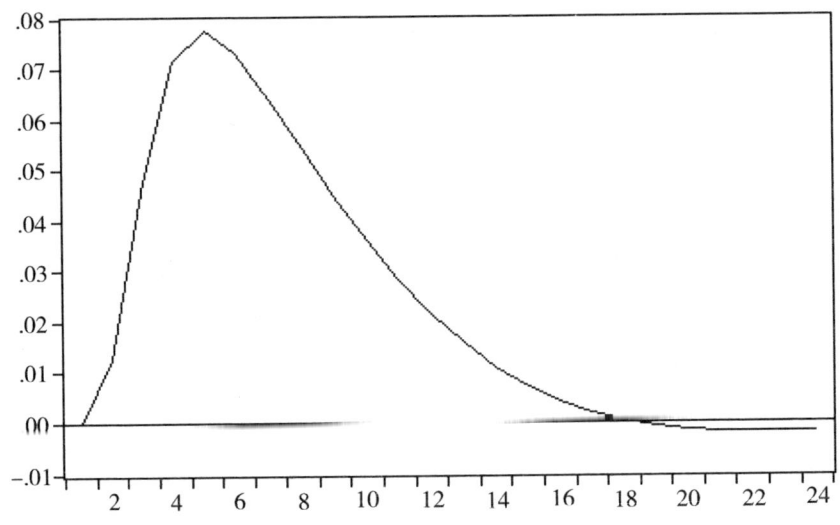

图 9.7(a) 金融状况良好下 FCI 冲击的产出效应

<<< 第9章 金融状况指数的测度及其与宏观经济的关系分析

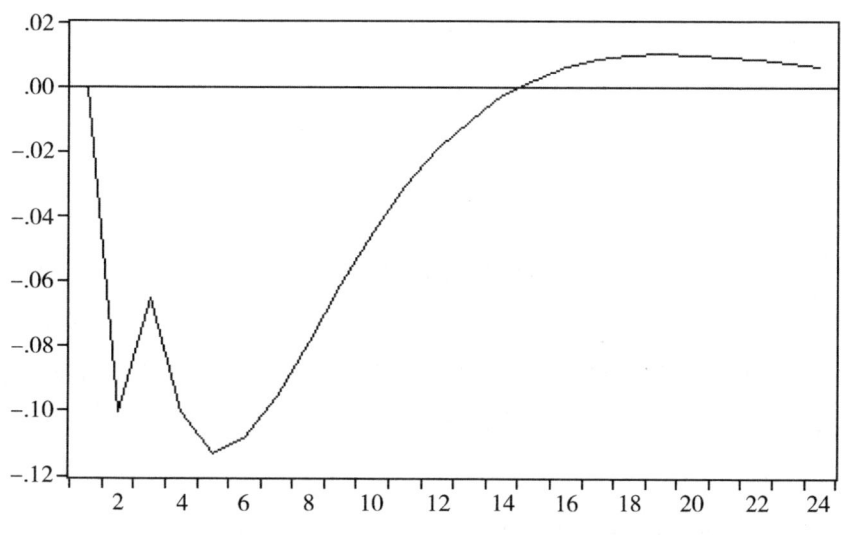

图 9.7（b）　金融状况恶化下 FCI 冲击的产出效应

由图 9.7 可知,已知金融状况指数对产出一单位正标准差的冲击,在金融状况较好情形下,产出具有短期正向效应,在第 5 个月达到最大为 0.078,随后逐步减小到 0.00,18 个月后效应基本消失。而在金融状况恶化情形下,价格在前 14 个月存在较长时间且效果显著的负效应,在第 6 个月幅度达到最小值为 -0.11,随后逐步趋向于 0.00,到第 14 个月后具有轻微的正效应后基本消失。

所以,金融状况较好情形下,金融状况指数对产出具有显著的正向冲击效应。相比而言,在金融状况恶化情形下,金融状况指数对产出具有显著负的即有害的效应。经济含义为,在金融市场运行良好时期,金融市场发展能有效地促进实体经济的增长。而在金融市场状况恶化时期,金融市场会严重阻碍实体经济的增长。

9.4.3　结论及其政策建议

本节以 FCI 作为转移变量,检验了包含 FCI、产出和价格的 VAR 模型的非线性特征。进而,基于 LSTVAR 分析了金融市场对宏观经济冲击的非对称性效应。结论显示,当金融市场状况处于良好情形时,金融状况指数代表的金融市场对产出的冲击具有显著的正向效应。当金融状况恶化的情形下,金融状况指数对产出具有显著有害的影响。相比产出而言,金融状况指数对价格的冲击效应更显著。

由以上结论给出相关的政策建议如下:

一方面,鉴于良好的金融市场运行环境保证了宏观经济的正常运行。所以,政府当局需要选取恰当的金融变量,采用更加适合我国国情的模型构建能准确反映我国国情的金融状况指数。从而,能够正确把握金融市场的运行状况。

另一方面,政府当局需要关注金融市场对宏观经济变量影响的非对称性。尤其是恶化的金融市场状况对实体经济的负向冲击,以便更好地应对金融市场波动对实体经济的不利冲击。

9.5 本章小结

本章首先选取更广泛的金融变量,利用动态因子模型提取其共同因子,并利用这些因子基于 VAR 模型构建了我国 FCI。

接着,从频域和时域两个角度测度我国金融市场与宏观经济的关联性。实证结果显示,从长期来看,金融变量对实体经济有着较强的预测能力,领先于宏观经济变量的变动。而短周期波动中,金融市场与宏观经济的影响关系存在易变性。

最后,以 FCI 作为转移变量,建立了包含 FCI、产出和价格的 logistic 平滑转移的向量自回归(LSTVAR)模型,分析得到了宏观经济变量对金融状况指数冲击的响应依赖于金融状况的变迁。实证结果表明,在不同金融状况下,金融状况指数代表的金融市场对产出和价格的影响具有非对称性。

在金融状况良好情形下,金融状况指数对产出具有显著的正向冲击效应。而在金融状况恶化的情形下,金融状况指数对产出具有显著负的即有害的影响。

另外,本章存在的不足和需要进一步研究之处包括:需要进一步从多个角度比较本章构建金融状况指数与已有文献构建金融状况指数的优劣,构建更适合我国国情的金融状况指数。

第 10 章

金融状况视角下的货币政策非对称性效应分析

利用第 10 章所构建的我国 FCI,以 FCI 表征金融市场状况,将 FCI 作为转移变量,构建了 LSTVAR 模型,分析货币政策的非对称性效应。实证结果表明,金融状况良好情形下,扩张货币政策对增加产出短期有效而长期无效。而金融状况恶化情形下,扩张的货币政策不会引起价格的显著上涨。

10.1 资本价格和货币政策关系的文献综述

由于资产价格的剧烈波动,经济学家们将更多的注意力转移到诸如股票价格、房地产价格以及汇率变动等对金融形势稳定有重要影响的因素上来,这也是简单的泰勒规则所无法解释的。虽然是否应该将资本市场的冲击作为研究货币政策传导机制的重要因素尚未达成共识,但是对未来通胀和产出缺口有影响的资本价格是值得中央银行关注的[Bernanke 和 Gertler (2001)]。在我国,1998 年央行确立了货币供给量和基础货币为货币政策的中介目标和操作目标。同业拆借市场能敏感地反映资金的供求关系和货币政策意图,从而能够影响货币市场的利率。房价持续上涨引起的经济过热以及股票市场的剧烈波动,使得资本价格可能成为通货膨胀变化的指示器。因此,资本价格的波动对货币政策的制定和实施必然产生深刻影响。综上所述,我国 FCI 在一定程度上包含了未来产出和通货膨胀的有用信息,这些信息可以作为货币政策的参考指标。

同时,简单的泰勒规则是建立利率、通货膨胀缺口和产出缺口的线性规则。在假定央行的二次损失函数最小化对称以及总供给函数是线性条件下。泰勒规则是最优货币规则。然而现实状况并非如此,中央银行在面对目标偏移的反应是不同的,若央行在损失函数中赋予正负产出缺口和通胀缺口不同的权重,线性泰勒规则就解释不了货币政策的这种非对称偏好行为。

已有资本价格和货币政策的相关研究。20世纪90年代以来,世界各国经济普遍表现出一般消费品价格总体比较稳定,但资产价格波动明显加大,对金融稳定及经济运行的影响也显著增加。尤其是2007年国际金融危机爆发以来,资本价格和货币政策的关系成为了国内外理论界及中央银行家们非常关注并存在较多争议的一个话题。比如,中国人民银行研究局课题组(2002)认为,中央银行的货币政策操作应关注股票市场价格的波动,但不能把它作为货币政策的决定目标之一。孙华妤和马跃(2003)对中央银行干预股票市场的必要性和有效性进行理论分析和实证检验。董亮(2008)对中国货币政策资产价格传导效应从理论和实证角度进行了分析。赵进文和高辉(2009)分析了资产价格波动对中国货币政策的影响等。肖强(2014)得到针对不同的资产价格,所选择的货币政策工具应该是不完全一致的。鲁万峰(2010)详细地论述了货币供应环境对股票价格的影响机制。刁节文和章虎(2012)等利用FCI表征我国金融市场状况,将FCI作为信息变量纳入到线性和非线性泰勒规则中进行实证分析。

由以上文献可知,目前关于货币政策与资产价格的相关研究,主要是考察货币政策对资本价格的调控作用,较少有文献基于不同的金融市场状况,考察货币政策的非对称性效应。本章将在已有研究的基础上,利用第9章所构建的我国FCI,将FCI纳入LSTVAR模型,分析货币政策的非对称性效应。

10.2 基于金融状况指数的货币政策非对称性效应分析

10.2.1 模型的线性检验及模型的估计

货币政策非对称性效应分析中,我们选取广义货币供应量 M1 的同比增长率(记作 DM1)作为货币政策工具的代理变量,工业增加值的同比增长率(记作 DIP)作为产出的代理变量,CPI 的同比增长率(记作 DCPI)作为价格的代理变量,样本区间为 2001 年 1 月至 2013 年 12 月。

针对包含变量 DM1、DIP 和 DCPI 的 VAR 模型,利用滞后阶数确定的信息准则,确定了线性 VAR(1)模型:

$$y_t = A + B y_{t-1} + u_t \quad (10.2.1)$$

其中, $y_t = (DMi_t, DIP_t, DCPI_t)$。模型的备择假设 LSTVAR 模型为:

$$y_t = A_1 + B_1 y_{t-1} + (A_2 + B_2 y_{t-1}) F(\gamma, c; s_t) + u_t \quad (10.2.2)$$

本章选取 FCI 及其滞后变量作为可能的转移变量。

为了模型的线性检验,利用 LM 检验对(10.1)中每个方程进行检验: $H_0: \gamma = 0, H_1: \gamma > 0$。首先,对(10.1)进行逐方程回归,得到每个回归方程的残差拟合值 e_{it}, $i = DMI, DIP, DCPI$ 和残差平方和 SSR_i^0。然后,对 e_{it} 关于 y_{it-1} 和 $s_t y_{it-1}$ 进行回归获得残差平方和 SSR_i^1。最后,对每个 i 计算 LM 统计量: $LM_i = T(SSR_i^0 - SSR_i^1)/SSR_i^0$。在原假设下, LM_i 渐近服从 $\chi^2(3)$。

而且,利用 LR 检验对整个系统进行线性检验,即每个方程都满足 $H_0: \gamma = 0$。令 $\Omega_0 = \frac{1}{T} \sum_i SSR_i^0, \Omega_1 = \frac{1}{T} \sum_i SSR_i^1$, LR 统计量为: $LR = T\{log|\Omega_0| - log|\Omega_1|\}$。在原假设下, LR 渐近服从 $\chi^2(9)$。

以 FCI_t 及其滞后变量作为可能的转移变量,表 10.1 报告了模型的非线性检验结果。

第 10 章 金融状况视角下的货币政策非对称性效应分析

表 10.1 非线性检验的 P 值

转移变量	LM 检验			LR 检验
	$DM1$	DIP	$DCPI$	
FCI_t	0.00	0.14	0.75	0.00
FCI_{t-1}	0.00	0.65	0.44	0.00
FCI_{t-2}	0.00	0.45	0.15	0.85
FCI_{t-3}	0.84	0.92	0.11	0.91
FCI_{t-4}	0.00	0.02	0.02	0.00
FCI_{t-5}	0.45	0.16	0.04	0.60

表 10.1 表明,当选取 FCI_{t-4} 作为转移变量时,在 5% 的显著性水平下,不仅由 LM 检验可知,各个方程都拒绝线性假设。而且通过 LR 检验可以拒绝 VAR 模型的线性假设,支持 LSTVAR 模型设定。

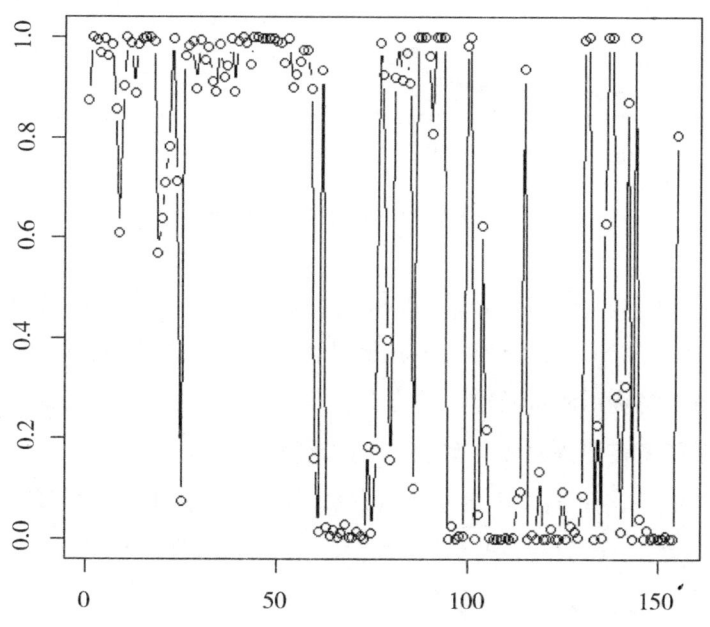

图 10.1(a) 随时间变化的区制转移轨迹

利用非线性最小二乘方法(NLS)对LSTVAR模型进行估计,得到调整平滑程度参数c和门限参数的估计值分别为7.50和0.00。图10.1给出了以FCI_{t-4}为转移变量时的区制转移轨迹以及随时间变化的 logistic 转移函数。

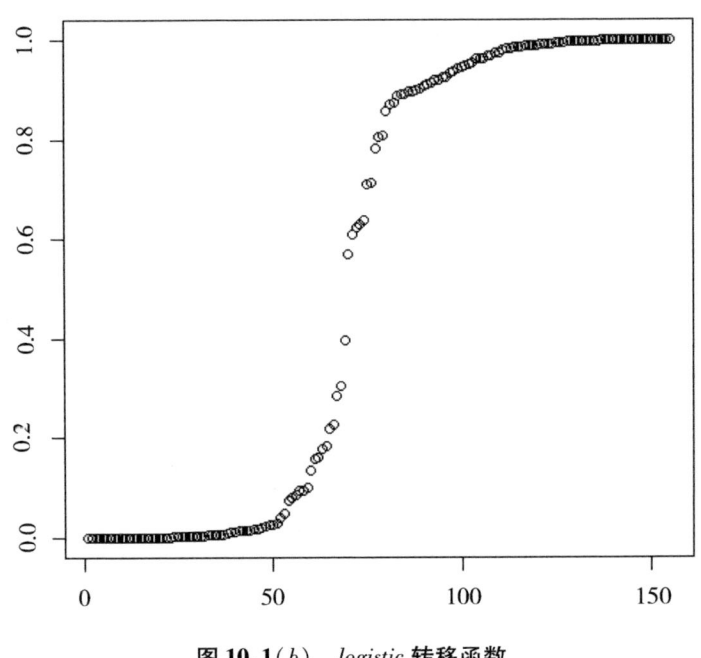

图10.1(b) *logistic* **转移函数**

如图10.1(a)所示,数据序列可被分成两个状态,当$FCI_{t-4} \geq 0$称为金融状况良好,当$FCI_{t-4} < 0$称为金融状况恶化。经济含义为,滞后4期金融状况的特征对货币政策的冲击效应有显著的影响。图10.1(b)表明转移函数从一个状态转移到另外一个状态相对比较缓慢。

类似地,利用上述LM线性检验方法对(10.2)估计的各个残差序列进行线性检验,在任何方程中都无非线性特征。因此,可以看出以FCI_{t-4}作为转移变量,平滑参数γ和门限参数c的值分别为7.50和0.00时,LSTVAR模型充分捕捉了原始数据的非线性特征。

10.2.2 不同金融状况下货币政策的效应分析

根据门限估计值 c = 0.00,本章将样本分为金融状况较好的子样本（$FCI_{t-4} \geq 0$）和金融状况恶化的子样本（$FCI_{t-4} < 0$）。通过分别计算两个状态下,货币供给量对产出和价格的一单位正标准差冲击的广义脉冲响应函数,来考察货币政策对宏观经济变量冲击的非对称性效应。

在不同金融状况下,得到货币供给量对价格的广义脉冲响应函数,结果如图 10.2 所示。

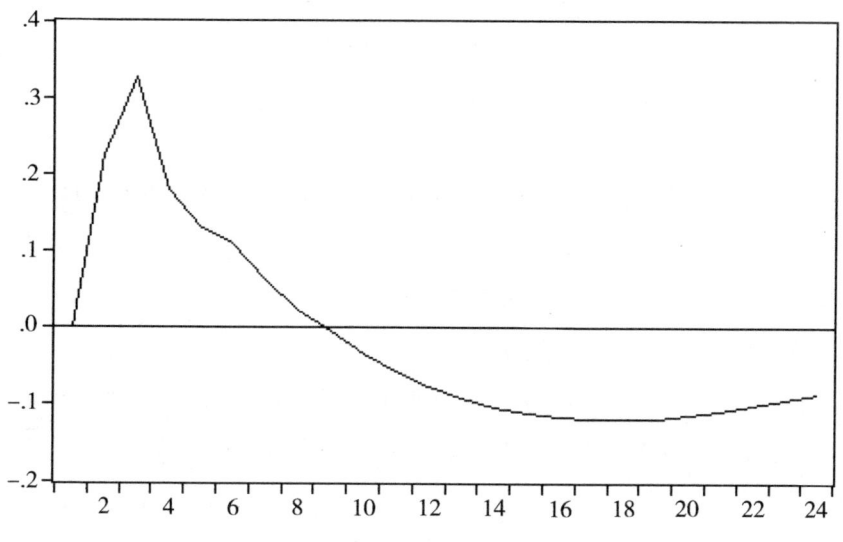

图 10.2(a)　金融状况良好下 DM1 冲击的价格效应

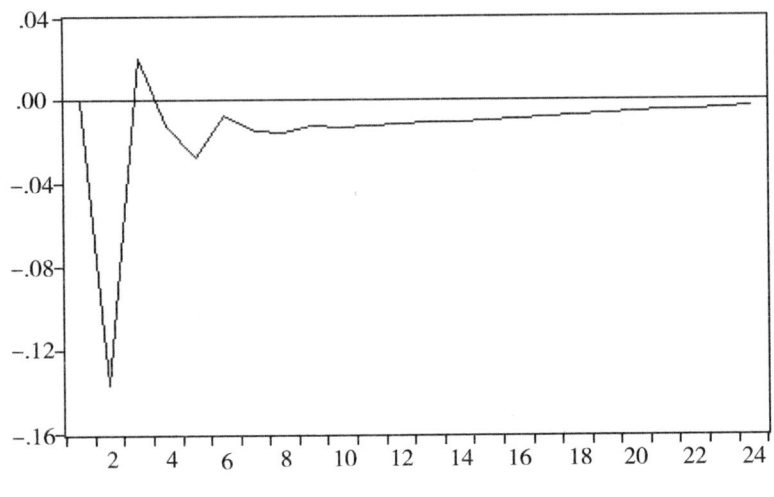

图 10.2(b)　金融状况恶化下 DM1 冲击的价格效应

由图 10.2 可知,DM1 对价格的一个标准差的冲击,在金融状况较好即金融环境良好状态下,价格在短期内有上升的效应,第 3 个月达到最大为 0.33,9 个月后转换为负的效应,在第 18 个月时达到最小值 -0.12,随后逐步向 0.00 回落。而在金融状况恶化即金融环境差的状态下,价格在前 4 个月存在短暂且显著的波动效应,其中前 3 个月为负,在第 2 个月达到最小为 -0.14,然后突然转换为正效应,在第 3 个月幅度达到最大为 0.03。第 4 个月后均为负效应,其中最大幅度为第 5 个月的 -0.02,从此逐步减小到 0.00,第 22 个月后效应基本消失。

总体来看,不同的金融状况下,货币政策工具对价格的冲击效应具有非对称性。金融状况良好情形下,扩张的货币政策对价格的冲击具有短期显著的正效应。而金融状况恶化情形下,扩张的货币政策对价格的冲击具有短期负效应。经济含义解释为,当金融市场繁荣时,金融市场中的包括房地产价格、股票价格等资产价格普遍上涨,可能存在一定的资产价格泡沫,表现出,通过增加货币供给量的扩张货币政策导致价格的显著上升。但是,当金融市场衰退时,金融市场中的包括房地产价格和股票价格在内的资产价格普遍下降,从而通过增加货币供给量的扩张货币政策不会引起价格的显著上涨。

同样,在不同金融状况下,得到货币供给量对产出的广义脉冲响应函数,结果如图10.3所示。

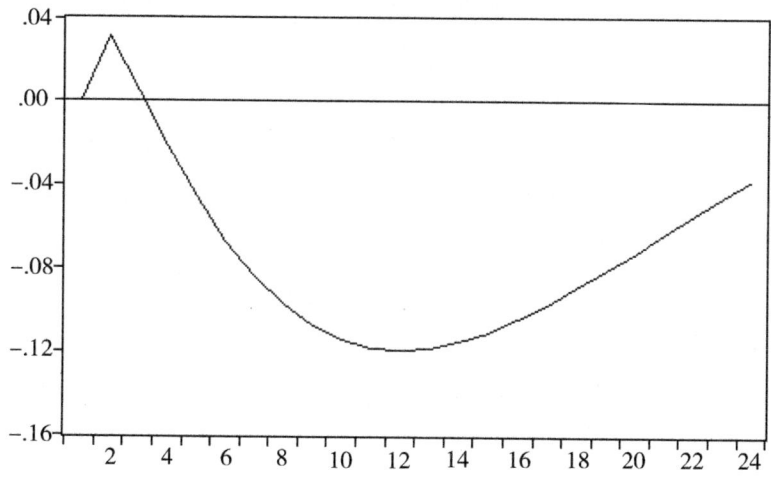

图10.3(a)　金融状况良好下 DM1 冲击的产出效应

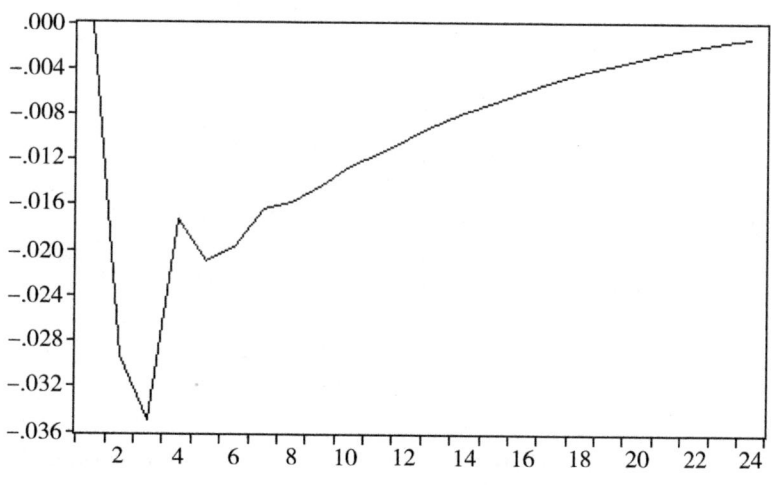

图10.3(b)　金融状况恶化下 DM1 冲击的产出效应

由图 10.3 可知，$DM1$ 对产出的一个标准差的冲击，在金融状况较好情形下，产出具有短期的正向效应，在第 2 个月达到最大为 0.03，到第 4 个月减小到 0.00，随后均为负的效应，在第 10 个月达到最小值 -0.12，然后缓慢地趋向于 0.00。而在金融状况恶化情形下，产出均为负效应，在第 3 个月达到最大幅度为 -0.03，随后逐步衰减到 0.00。

总体来看，不同的金融状况下，货币政策对产出的冲击效应具有非对称性。金融状况良好情形下，以货币供给量为工具的扩张货币政策对产出的冲击具有短期正效应和长期负效应。而金融状况恶化情形下，以货币供给量为供给的扩张货币政策对产出的冲击具有负效应。经济含义解释为：一方面，在金融市场繁荣时期，货币当局通过增加货币供给量的扩张货币政策来增加产出时，只能在短期内使产出增加，而长期是无效的甚至使产出下降。可能的原因是，因为金融市场和实体经济之间存在着较强的联系，正向金融冲击对产出增长等起到了非常重要的作用。因此，在金融市场繁荣时期，资产价格普遍上涨的同时产出等实体经济变量也在增长，从而表现为，通过增加货币供给量的扩张货币政策短期内使得产出增加，同时使价格大幅上涨。但是价格的大幅上涨会导致金融市场的不稳定，政府当局又会采取紧缩的货币政策等来控制通货膨胀，最终使得产出下降。另一方面，在金融市场衰退时期，比如 2008 年的全球金融危机导致我国产能大幅下降，即使货币当局实施增加货币供给量的扩张货币政策也阻挡不了产出的下滑。此时期货币政策是无效的。

10.3 本章小结

本章基于第 9 章所构建的 FCI，以滞后 4 期的 FCI 作为转移变量，基于 $LSTVAR$ 模型分析了货币政策冲击的非对称性效应。实证结果表明：

<<< 第10章 金融状况视角下的货币政策非对称性效应分析

第一,货币政策对价格的冲击而言。短期来看,金融状况良好情形下,货币供给量对价格的冲击效应为正效应,而金融状况恶化情形下,货币供给量对价格的冲击效应为负效应。长期来看,货币供给量对价格的冲击效应均为负,但冲击程度不同。

第二,货币政策对产出的冲击而言。短期来看,金融状况良好情形下,货币供给量对产出的冲击效应为正效应,而金融状况恶化情形下,货币供给量对产出的冲击效应为负效应。长期来看,货币供给量对产出的冲击效应均为负,但冲击程度不同。

综上所述,通过控制货币供给量的货币政策的产出效应和价格效应较强地依赖于金融市场状况的优劣。本章对政府在进行宏观调控时给出如下政策建议:

第一,鉴于世界上很多国家都已经构建了适合本国国情的金融状况指数,并通过金融状况指数去预测宏观经济形势,同时作为货币政策的重要参考指标。因此,我国政府当局也需要尽快构建并公布真实反映我国国情的金融状况指数,为理性消费者提供一个可预期的宏观经济走势和货币政策实施方向。

第二,利用对金融状况指数的观测,政府当局应尽早地、准确地把握当前金融市场是处在繁荣还是衰退时期,以便及时应对类似2008年金融危机对我国实体经济带来的严重打击。及时制定有效的货币政策和财政政策等来调控金融市场。

总之,金融市场在我国经济发展中起到越来越重要的作用。我国货币当局要密切关注金融市场及重要资产价格的变动,尤其针对异常变动要及时准确地采取相应的政策反应。从而避免或降低金融市场的剧烈波动给宏观经济造成不利影响的可能性,进而维护金融秩序和稳定物价。

第 11 章

物价预警综合指数的构建及其非线性特征分析

已有关于我国物价波动的非线性特征研究中所选变量均为 CPI,而物价预警综合指数能够更有效地监测物价的波动。所以,本章针对相关预警指标利用动态因子模型生成物价预警综合指数,并针对物价预警综合指数建立了马尔可夫体制转移自回归($MSAR$)模型,探讨了我国物价预警综合指数波动的非线性特征。实证结果表明,把我国物价预警综合指数的波动划分为低通胀和高通胀两个状态,在整体拟合效果和对物价波动特征的解释能力方面都有显著提高。

11.1 物价预警综合指数的文献综述

景气指数法是各国政府和企业研究经济周期波动,评价、分析宏观经济发展状态的有效方法。*Stock* 和 *Watson*(1989)在动态因子模型基础上提出了 $S-W$ 型景气指数,和以前的 *CI*、*DI* 等传统的景气循环测定方法相比有了根本性的改进。陈磊和高铁梅(1994)认为在我国构建 $S-W$ 型景气指数是可行的。董文泉等(1994)编制了我国的 $S-W$ 型一致指数。王金明等(2007)编制了我国的 $S-W$ 先行指数。韩艾等(2010)利用广义动态因子模型得到我国金融周期的一致景气指数。

一方面,已有关于物价稳定的研究中,主要是利用 CPI 作为通货膨胀率的近似,CPI 虽然反映了通货膨胀率的主要部分但不是全部。李颖(2011)指出物价预警综合指数(PMG)是分析和判断我国物价波动的有效工具。所以有必要引入更有代表性的物价预警综合指数(PMG)来监测物价波动。但通常利用物价波动预警信号系统计算 PMG 的不足之处是包含了较多的主观因素(董文泉等(1998))。

另一方面,Hamilton(1989)建立了马尔可夫体制转换自回归($MSAR$)模型,$MSAR$ 模型能够较好地反映经济结构的变化(比如对经济结构由繁荣到衰退的转换描述)。陈浪南等(2007)针对我国 GDP 数据利用 $MSAR$ 模型分析了我国经济周期的非对称性和持续性。石柱鲜等(2007)指出用动态马尔可夫转移因子模型所构造出的景气指数描述经济景气是有效的,不同指标结果的差异反映了指标选取的主观性及指标间的特性差异。因此恰当地选择与经济景气一致的宏观经济指标,用多变量动态马尔可夫转移因子模型刻画我国的经济周期特征是有效的。

在以上研究的基础上,本章基于动态因子模型,采用 Jscobs 等(2008)的最小熵方法,利用状态空间模型,从多个物价预警指标中提取其共同因子作为 PMG 的估计值,这样得到的 PMG 能更好地反映物价景气变化的总体变动。进一步,对 PMG 利用 $MSAR$ 模型分析其非线性动态调整特征。

11.2 基于动态因子模型的物价预警综合指数构建

事实上,董文泉等(1998)指出物价预警综合指数用来有效地监测物价的波动,并且物价预警综合指数的组成需要选择合适的预警指标,这组指标应能在不同的方面反映物价波动的振幅和走势。因此,所选的指标应具备一定的条件。随后,李颖(2011)根据董文泉等(1998)的预警指标选取条件,发现由 8 个预警指标构成的"中国物价预警系统"是分析和监测我国物价波动的有效工具。但是,上述方法包含了较多的主观因素。本章将针对物价预警指标,利用动态因子模型构建物价预警综合指数。

11.2.1 相关变量的选取

借鉴李颖(2011)对物价预警指标的选取方法,本章选取的 8 个物价预警指标为:居民消费价格指数(CPI)、商品零售价格指数(RPI)、生产资料类工业品出厂价格指数($PPI\_Produce$)、生活资料类工业品出厂价格指数(PPI_Life)、原材料燃料动力购进价格指数($PPI\_Materials$)、第二产业增加值增速($gyzjz$)、狭义货币供应量 $M1$ 增速($M1$)和固定资产投资完成额增速($Completed\_invest$)。样本区间确定为 2000 年 1 月到 2013 年 12 月的月度环比数据,数据均来自国家统计局统计数据库。其中,第二产业增加值增速为季度数据,利用线性匹配法进行月度化处理,个别缺失数据利用线性插值法得到。

数据预处理如下:首先对存在季节因素的变量利用 $X12$ 进行季节调整,剔除其中的季节要素和不规则要素,以各变量的趋势循环序列作为本章的原始变量,并对各个变量进行标准化处理,通过处理后的数据仍用原记号。

11.2.2 基于动态因子模型的物价预警综合指数构建

针对以上 8 个物价预警指标构建动态因子模型,采用 $Jscobs$ 等(2008)的最小熵方法确定动态因子个数,然后利用状态空间模型方法得到共同因子,并以此作为 PMG 的估计值。这样得到的 PMG 能更客观地反映物价的波动。

对所选择的 8 个变量做单位根检验,结果如表 11.1 所示:

第11章 物价预警综合指数的构建及其非线性特征分析

表11.1 变量的 ADF 单位根检验结果

变量	检验形式	ADF 统计量	临界值(5%)	平稳性
CPI	(C,0)	-2.32	-2.88	非平稳
D(CPI)	(C,0)	-5.82	-2.88	平稳
RPI	(C,0)	-1.95	-2.88	非平稳
D(RPI)	(C,0)	-6.59	-2.88	平稳
PPI_Produce	(C,T)	-3.38	-3.44	非平稳
D(PPI_Produce)	(C,T)	-5.94	-3.44	平稳
PPI_Life	(C,0)	-2.60	-2.88	非平稳
D(PPI_Life)	(C,0)	-5.56	-2.88	平稳
PPI_Materials	(C,0)	-2.07	-2.88	非平稳
D(PPI_Materials)	(C,0)	-4.49	-2.88	平稳
gyzjz	(C,T)	-2.74	-3.44	非平稳
D(gyzjz)	(C,T)	-4.30	-3.44	平稳
M1	(C,T)	-3.20	-3.44	非平稳
D(M1)	(C,T)	-5.63	-3.44	平稳
Completed_invest	(C,T)	-2.85	-3.44	非平稳
D(Completed_invest)	(C,T)	-3.54	-3.44	平稳

注:检验形式(C,T)中:"C"表示包含常数项,"T"表示包含趋势项。

由表11.1可知,以上6个变量均为一阶单整即 $I(1)$ 的。针对同阶非平稳变量,进一步做 Jahansen 协整检验,结果如表11.2所示:

表11.2 变量 Jahansen 协整检验结果

原假设: 协整关系的个数	特征值	迹统计量	临界值(5%)	P 值
None	0.32	204.62	175.17	0.00
At most 1	0.25	141.68	139.28	0.04

续表

原假设：协整关系的个数	特征值	迹统计量	临界值(5%)	P 值
At most 2	0.20	94.12	107.35	0.27
At most 3	0.14	58.17	79.34	0.64

由表 11.2 可知,在 5% 显著性水平下,以上 8 个变量至少存在两个协整关系。由 Bai 和 Ng(2004)证明了因子是 $I(1)$ 和异质性扰动是 $I(0)$ 时,由因子所张成的空间可得到一致的估计。所以类似于平稳序列仍可采用动态因子模型。

由表 11.3 给出的对 8 个预警指标的 KMO 和 Bartlett 检验结果可知,KMO 值为 0.57 大于 0.50,样本量是足够的。另外,Bartlett 球形度检验对应的 P 值为 0.00。所以,在 5% 的显著性水平下,对以上 8 个预警指标可以进行因子分析。

表 11.3　KMO 检验和 Bartlett 检验的结果

检验统计量	对应的观测值	对应的 P 值
KMO 统计量	0.57	——
Bartlett 统计量	1575.75	0.00

采用最小熵方法,确定因子个数为 1。从结果来看,类似于利用方差协方差矩阵,通过主成分法做因子分析可知,一个公共因子能解释总方差的大约 60%,说明这些变量大部分原始信息都被第一个公共因子所代表。再根据各个变量的经济含义,反映它们共同变动的变量定义为物价预警综合指数(PMG)。

进而,利用动态因子模型因子的估计方法,基于卡尔曼滤波的极大似然估计,得到物价预警综合指数。特别地,图 11.1 给出了物价预警综合指数(PMG)和消费者物价指数(CPI)的趋势图。直观地看到,物价预警综合指数(*PMG*)和消费者物价指数(*CPI*)整体趋势基本一致,而且物价预警综合指数是领先于消费者物价指数,其可以作为通货膨胀率预期的代理变量,起到有效监测物价波动的作用。

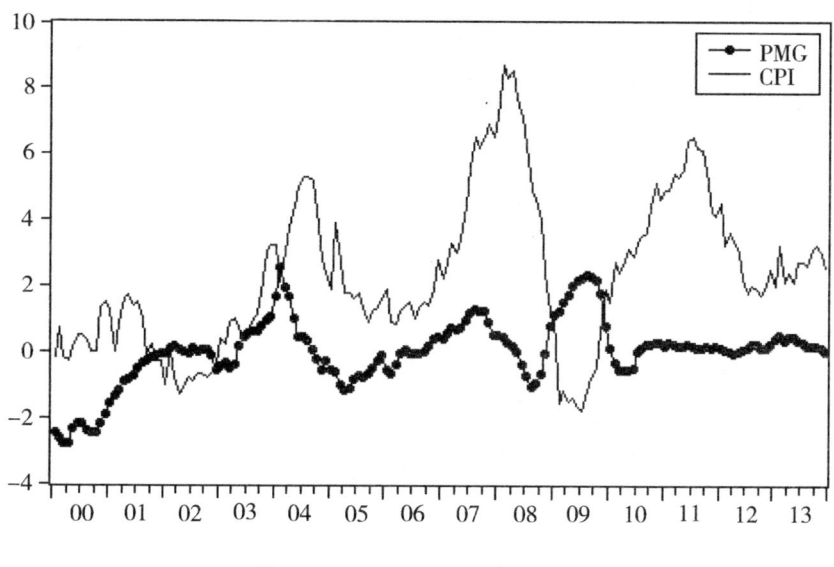

图 11.1 *PMG* 和 *CPI* 的趋势图

11.3 物价预警综合指数的非线性特征分析

关于 *CPI* 的非线性特征分析的文献很多。比如白仲林等(2011)基于面板数据动态门限模型得到我国通货膨胀率的最优目标区间是(0%, 3.2%],张凌翔和张晓峒(2011)运用多状态平滑转移向量自回归模型将我国通货膨胀率波动划分为通货紧缩、通缩恢复、温和通胀以及严重通胀四个阶段。本章考虑到物价预警综合指数能有效监测物价波动,有必要对其波动特征进行深入地研究。在已有研究的基础上,利用 *MSAR* 模型分析 *PMG* 的非线性波动特征。

11.3.1 模型的设定及估计

对时间序列 PMG 做线性自回归模型,通过 AIC 准则找出最优的滞后阶数为 1。针对不同区制个数 m,运用极大似然方法估计 $MS(m)-AR(1)$ 模型,整体来看,$MS(2)-AR(1)$ 模型对数据 PMG 的拟合效果比较好(见图 11.2),该模型能很好地刻画了我国物价预警综合指数的波动特征。

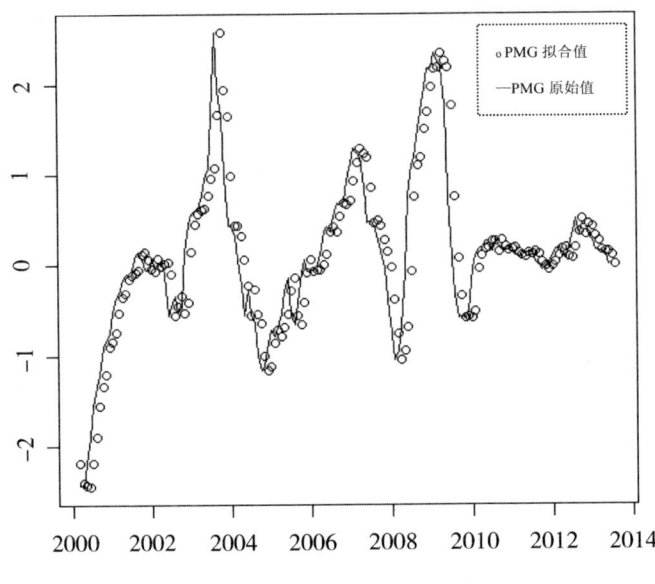

图 11.2　PMG 的拟合效果图

关于状态过程,表 11.4 给出了区制间转移概率分布。

表 11.4　区制间转移概率分布

	区制一	区制二
区制一	0.96	0.04
区制二	0.03	0.97

<<< 第11章 物价预警综合指数的构建及其非线性特征分析

由表11.4可知,区制一和区制二的保持概率都比较高,这表明经济处在两种状态时表现相对稳定。利用表11.4中各区制的保持概率,根据第 i 状态平均持续期为 $1/(1-P_{ii})$,其中 $i=1,2$。可得各个状态的平均持续期,并根据某区制概率大于0.5则认为处于该区制,可得各个状态的月度数据量。具体见表11.5。

表11.5 各个状态的平均持续期和数量汇总

	月度数量	所占比率(%)	平均持续期
区制一	70	41.7	25
区制二	98	58.3	33
合计	168	100	

由表11.5可知,在2000年1月到2013年12月期间,我国经济处于区制二的月份最多,为98个月,约占样本总量的58.3%,并且每处在区制二状态的平均持续期较长,为33个月。相对地,我国经济处于区制一的月份为70个月,约占样本总量的41.7%,每处在区制二状态的平均持续期较短,为25个月。

11.3.2 物价预警综合指数的非线性特征分析

给出两种状态对应的滤波概率见图11.3和图11.4。大致可以定义为,区制一为经济高通胀预期状态、区制二为经济低通胀预期状态。

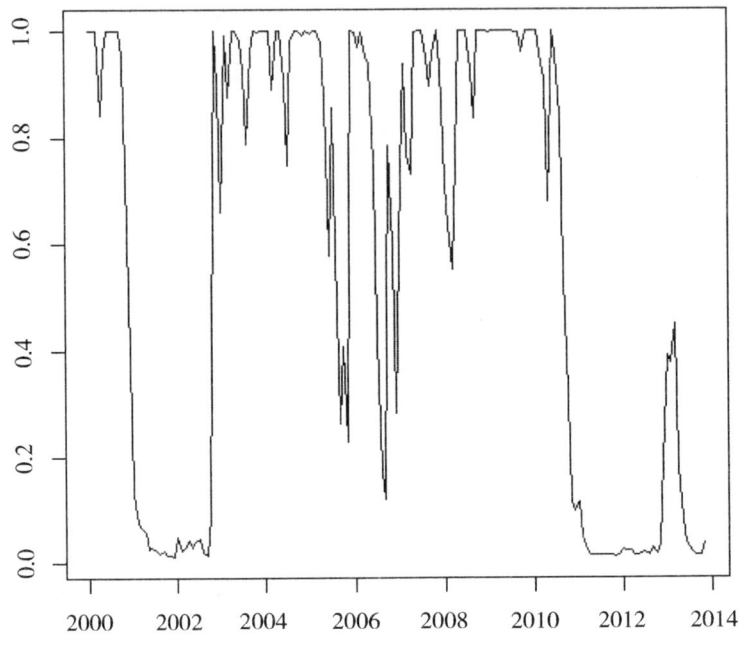

图 11.3　经济高通胀预期状态的滤波概率

我国经济处于高通胀预期的月份集中在 2000 年 2 月至 2001 年 1 月, 2003 年 3 月到 2010 年 9 月(除了出现几次短暂的低通胀预期外,大致持续时间为 91 个月)。这两个时间段上,第一个高通胀预期状态的持续期在 12 个月左右,第二个高通胀预期持续了大约 90 个月左右。经济含义解释为, 2003 年 3 月到 2010 年 9 月的高通胀预期,基本和 2003 年以来我国确立房地产业作为我国经济增长的支柱产业相吻合。2003 年以来我国房地产业进入了高速发展时期,而且一直持续到了 2010 年底我国逐步进入了"新常态"经济为止。期间面临 2008 年的全球金融危机,因为我国政府的 4 万亿投资,进一步助涨了房地产业的快速发展。

<<< 第 11 章 物价预警综合指数的构建及其非线性特征分析

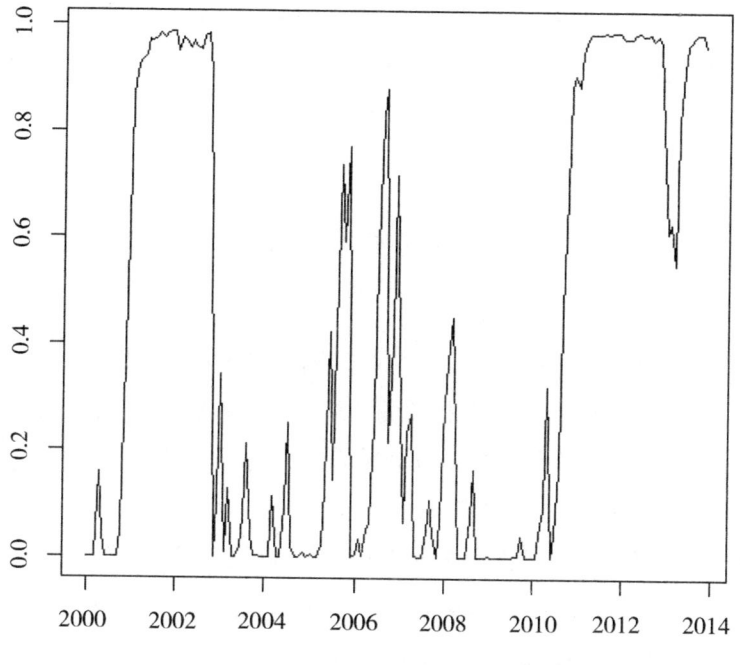

图 11.4 经济低通胀预期状态的滤波概率

从经济低通胀预期状态的滤波概率图 11.4 和物价预警综合指数相对照来看,我们对样本区间内实际观测数据进行了统计归类。结果表明,在 2000 年 1 月到 2013 年 12 月期间,我国经济处于低通胀预期的月份,主要集中在 2001 年 2 月到 2003 年 1 月(持续时间为 23 个月),2010 年 10 月到 2013 年 12 月(持续时间为 39 个月)。第一个低通胀预期状态的持续期在 23 个月左右,最近一次的低通胀预期持续近 39 个月左右。经济解释为,2010 年 10 月以来的持续低通胀预期,真实地反映了我国逐步进入了经济增速减慢,物价总体保持稳定的"新常态"经济。具体表现为,我国 GDP 增速从 2010 年第一季度的 12.1% 开始持续走低,到 2013 年第四季度的大约 7.7%。CPI 虽然在 2010 年 3 月到 2011 年 3 月超过了 4%,但从 2011 年 4 月开始 CPI 持续走低,到 2013 年 12 月 CPI 只有 2.5%。

从以上分析结果可知,2003 年以来,由于我国投资拉动型的增长模式,导致房地产业飞速发展的同时,我国物价预警综合指数也持续处在高通胀预期状态。而 2010 年以来我国经济增速逐步放缓,步入"新常态"经济,使得我国物价预警综合指数持续处在低通胀预期状态。

11.4 本章小结

本章首先利用动态因子模型构建了物价预警综合指数,并利用 $MSAR$ 模型分析了我国物价预警综合指数的非线性动态调整特征,主要结论为:

第一,我国物价预警指数波动呈现非线性特征。$MS(2)-AR(1)$ 模型能够很好地拟合我国物价预警指数的波动周期。

第二,我国物价预警指数波动显著分为两区制。我国物价预期波动具有明显的两区制结构变化(即高通胀预期状态和低通胀预期状态),而且各区制间的波动性、转移概率均存在差异。

第三,我国物价预警指数的波动具有一定持续性。高通胀预期状态和低通胀预期状态的划分较好地解释了我国经济发展的现状。

本章的政策含义在于,在制定反通货膨胀或反通货紧缩政策时,不能只关注 CPI。同时,需要科学地测度物价预警综合指数(PMG),并通过物价预警综合指数有效监测物价波动。而且,也应该充分考虑到政策的渐进性及时效性,对政策的实施效果进行实时监测,并及时调整政策手段及政策力度。

第 12 章

物价预警视角下的货币政策非对称性效应分析

本章将第 11 章利用动态因子模型生成的物价预警综合指数作为平滑转换函数的转换变量,基于 LSTVAR 模型,在不同经济通胀预期状态下,分析得到了货币政策对价格和产出的非对称性效应。为货币当局更有效地实施货币政策提供了科学依据。

12.1 引言

Cover(1992)最早提出了货币政策的非对称性效应概念,即货币政策非对称性效应意味着,不同的货币政策取向,在不同的经济状态下对产出或价格具有不同程度的影响。并且研究了美国货币供给冲击的非对称性效应,发现货币供给的正向冲击和负向冲击具有非对称性,负向冲击比正向冲击对产出具有更加显著的影响。从而拉开了对货币政策非对称性效应进行系统性实证研究的序幕。赵进文等(2005)、刘金全等(2009)和肖强和赫永达(2015)均基于 LSTVAR 模型,得到我国货币政策存在明显的非对称性效应。

LSTVAR 模型的重点是选择转移变量,关于非对称性的经济理论提供了许多可供选择的转移变量。而在我国货币政策非对称性效应的已有研究中,较多地根据统计理论,尝试用所有变量及其滞后变量分别作为转移变量,以非线性检验是否显著和显著的程度为标准来确定转移变量,这样得到的转移变量缺乏经济含义的解释。

董文泉等(1998)指出物价预警综合指数可以用来有效地监测物价的波动。尽管李颖(2011)根据董文泉等(1998)的物价预警指标选取条件,发现由 8 个预警指标构成的"中国物价预警系统"是分析和监测我国物价波动的有效工具。但是,通常利用物价波动预警信号系统计算 PMG 的不足之处是包含了较多的主观因素。为此,鉴于货币政策的重要目标之一就是保持物价稳定,本章利用第 11 章基于动态因子模型构建的 PMG 作为转移函数的转移变量,基于 $LSTVAR$ 模型分析我国货币政策的非对称性效应。

12.2 LSTVAR 模型的线性检验和估计

12.2.1 变量的选取

从我国货币政策实践来看,1998 年我国改革了货币政策调控方式,取消对商业银行信贷规模的直接控制,实行资产负债比例管理,宣布以货币供应量为唯一的中介目标,并于当年 5 月恢复公开市场操作,这些举措标志着我国货币调控由直接方式向间接方式的转变。本章时间区间确定为 2000 年 1 月至 2013 年 12 月,并选取货币供应量 $M1$ 作为货币政策的工具变量,GDP 作为经济增长的代理变量(利用线性匹配法进行月度化),同比 CPI 作为价格变动的代理变量。数据来自国家统计局网站等,部分缺失数据经过线性插值处理。

12.2.2 单位根检验

首先对所有变量进行了单位根检验,由单位根检验结果表 12.1 可知,GDP、CPI 和 $M1$ 均为 $I(1)$ 的。因此,为了满足 $LSTVAR$ 模型的平稳性要求,本章针对各个变量对应的差分变量进行建模。

表12.1 变量及其差分变量 ADF 检验的 P 值

变量	检验形式	ADF 统计量	临界值(5%)	平稳性
GDP	(C,0)	-2.21	-2.88	非平稳
D(GDP)	(C,0)	-4.17	-2.88	平稳
CPI	(C,0)	-2.31	-2.88	非平稳
D(CPI)	(C,0)	-5.84	-2.88	平稳
M1	(C,T)	-1.16	-3.44	非平稳
D(M1)	(C,T)	-16.14	-3.44	平稳

注：检验形式(C,T)中："C"表示包含常数项，"T"表示包含趋势项。

12.2.3 模型的线性检验及非线性模型设定

根据 VAR 模型的 AIC 信息准则确定滞后阶数为1，线性 VAR(1) 模型设定为：

$$y_t = A + By_{t-1} + u_t \tag{12.1}$$

其中，$y_t = (DGDP_t, DCPI_t, DM1_t)$，$DGDP_t$ 为产出增长量，$DCPI_t$ 为通货膨胀增长量，$DM1_t$ 为货币供给增长量。模型(12.1)的备择假设 LSTVAR 模型为：

$$y_t = A_1 + B_1 y_{t-1} + (A_2 + B_2 y_{t-1}) F(\gamma, c; s_t) + u_i \tag{12.2}$$

本章拟选取转换变量 s_i 为物价预警综合指数 PMG，它刻画经济在两种通货膨胀预期状态间的转移过程。

为了检验 LSTVAR 模型的线性性，利用 LM 检验对(12.2)中每个方程进行检验：$H_0: \gamma = 0$，$H_1: \gamma > 0$。首先，对(12.1)进行逐方程回归，得到每个回归方程的残差拟合值 e_{it} 和残差平方和 $SSR_i^0 = \sum e_{it}^2$，$i = DGDP, DCPI, DM1$；然后，对 e_{it} 关于 y_{it-1}、$s_t y_{it-1}$ 进行回归获得残差平方和 SSR_i^1；最后，对每个 i 计算 LM 统计量：$LM_i = T(SSR_i^0 - SSR_i^1)/SSR_i^0$。在零假设下，$LM_i$ 渐近服从 $\chi^2(3)$。

而且，利用 LR 检验对整个系统进行线性性检验，即每个方程都满足

$H_0: \gamma = 0$。令 $\Omega_0 = \frac{1}{T}\sum_i SSR_i^0$, $\Omega_1 = \frac{1}{T}\sum_i SSR_i^1$, LR 统计量为:$LR = T\{\log|\Omega_0| - \log|\Omega_1|\}$。在原假设下,LR 渐近服从 $\chi^2(9)$。

以 PMG_t 作为状态变量,模型的非线性检验结果如表 12.2 所示。

表 12.2 非线性检验的 P 值

检验方法	LM 检验			LR 检验
变量	DGDP	DCPI	DM1	0.00
检验的 P 值	0.00	0.00	0.00	

表 12.2 表明,当使用物价预警综合指数 PMG_t 作为转移变量时,在 5% 的显著性水平下,由 LM 检验可知逐个方程拒绝了线性性假设。而且通过 LR 检验也拒绝了 VAR 的线性性假设,支持 LSTVAR 模型的设定。

12.2.4 LSTVAR 模型的估计

运用非线性最小二乘方法(NLS)对 LSTVAR 模型进行估计,得到调整平滑程度参数 γ 和门限参数 c 的估计值分别为 12 和 0.20。图 12.1 给出了以 PMG_t 为转移变量时的区制转移轨迹以及随时间变化的 logistic 转移函数。如图 12.1(a)所示,数据序列可被分成两个状态,分别定义为经济周期的高通胀预期阶段和低通胀预期阶段。图 12.1(b)表明转移函数从一个状态转移到另外一个状态相对比较缓慢。

<<< 第 12 章 物价预警视角下的货币政策非对称性效应分析

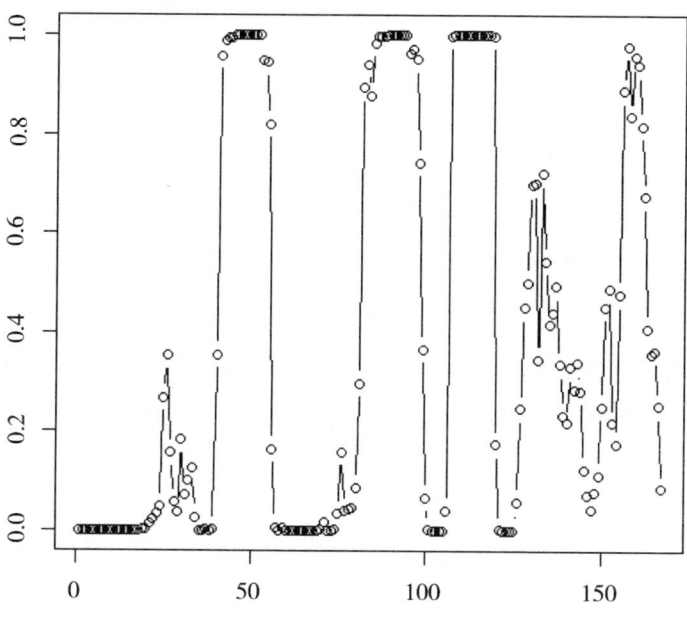

图 12.1(a) 随时间变化的区制转移轨迹

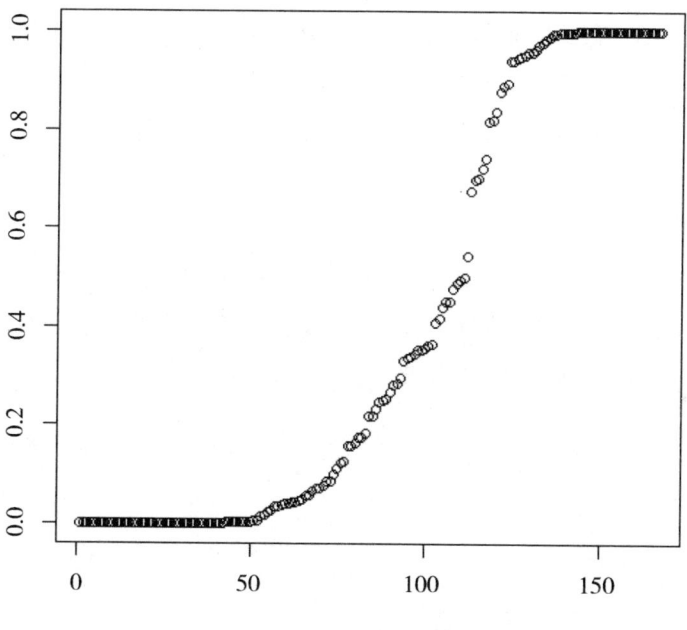

图 12.1(b) logistic 转移函数

类似地，利用上述 LM 线性检验方法对(12.2)的估计残差序列进行线性检验，在任何方程中都没有发现支持非线性的证据。因此，可以看出以 PMG_i 作为平滑转移函数的转移变量，平滑参数 γ 和临界参数 c 的值分别为 12 和 0.20 时，LSTVAR 模型充分捕捉了原始数据的非线性特征。

以物价预警综合指数 $c=0.20$ 作为临界值的政策含义在于，中央银行可以将物价预警综合指数高于 0.20 的经济运行判断为经济高通胀预期状态，将物价预警综合指数低于 0.20 的经济运行判断为经济低通胀预期状态。根据不同的通胀预期状态，有区别地制定货币政策。

12.3 物价预警视角下货币政策的非对称性效应分析

根据门限估计值 $c=0.20$，本章将样本分别定义为高通胀预期子样本 ($PMG_t>0.20$) 和低通胀预期子样本 ($PMG_t\leq0.20$)。在高通胀预期和低通胀状态下，分别计算两个状态下货币供给量的一单位正标准差冲击对产出和价格的广义脉冲响应函数，来考察货币政策对产出和价格冲击的非对称性效应。

12.3.1 不同通胀预期状态下货币政策的产出效应

基于物价预警综合指数所处的不同状态，给出货币供给量对产出的广义脉冲响应函数，如图 12.2 所示。

<<< 第 12 章 物价预警视角下的货币政策非对称性效应分析

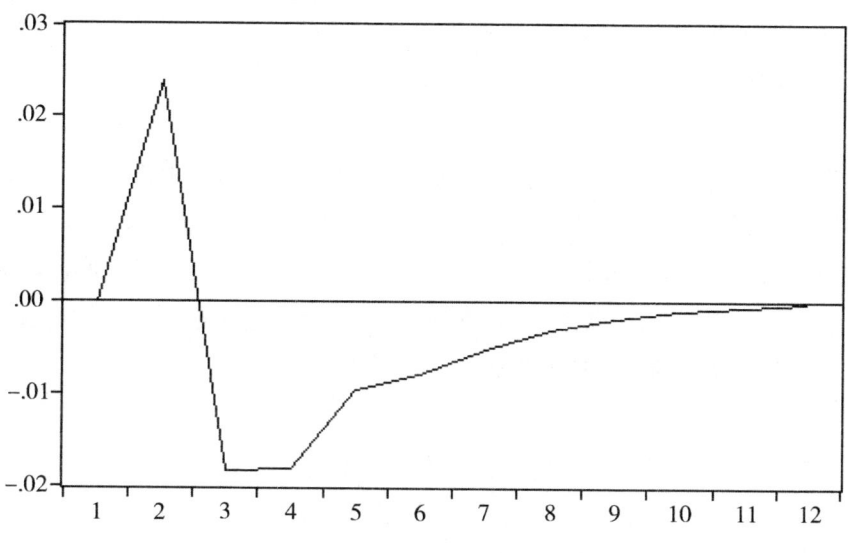

图 12.2(a) 在高通胀预期状态下 M1 冲击的产出效应

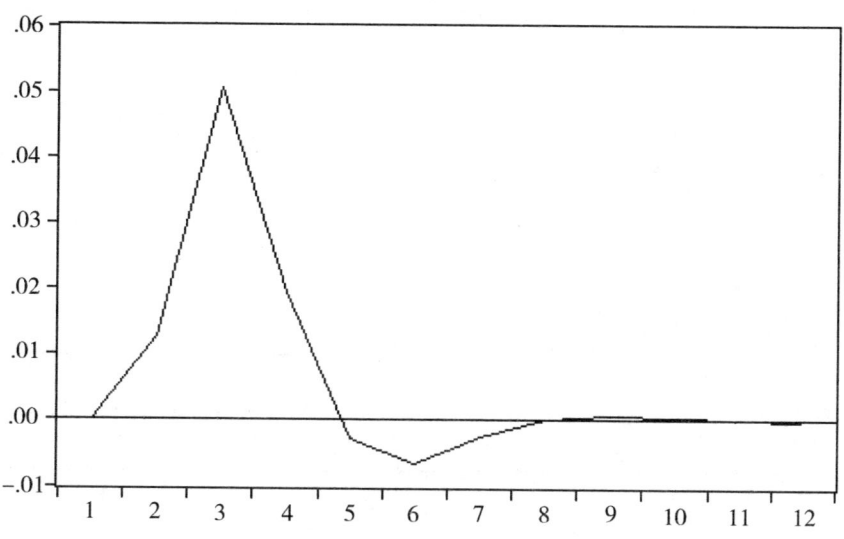

图 12.2(b) 在低通胀预期状态下 M1 冲击的产出效应

由图 12.2 可知,货币供给量对产出的冲击效应在两种状态下具有非对称性。具体地,在高通胀预期状态下[图12.2(a)],货币供给量正冲击对产出的增长效应整体较小,而且在短期内具有正负交错的效应,在第3个月达到正的最大值为0.02,在第3个月变为负的最小值-0.02,随时间的推移逐渐减弱到0.00。而在低通胀预期状态下[图12.2(b)],货币供给量正冲击对产出具有短期正效应而且整体比较大,在第3个月达到最大值为0.05,随时间的推移逐渐减小到0.00。整体而言,货币政策不具有长期的产出效应。相比而言,低通胀状态下的货币政策的产出效应为正且更显著。这个结论和已有文献的结论基本一致。

12.3.2 不同通胀预期状态下货币政策的价格效应

基于物价预警综合指数所处的不同状态,给出货币供给量对价格变量的广义脉冲响应函数,如图12.3所示。

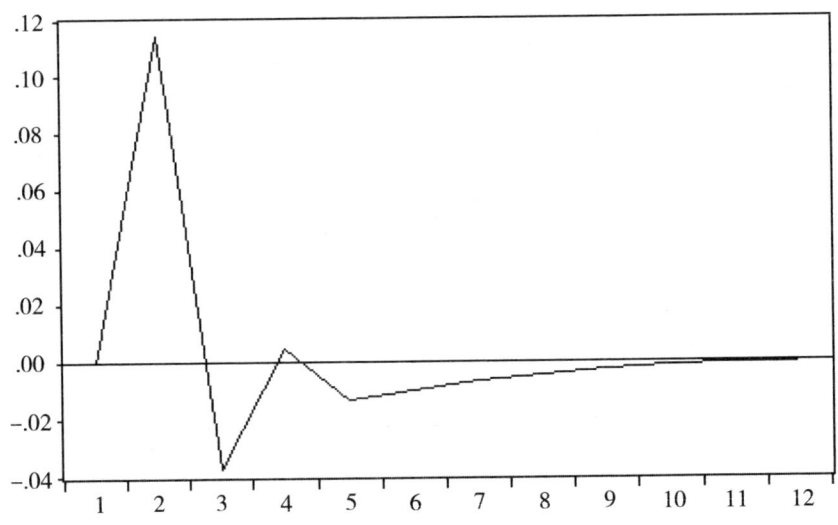

图12.3(a) 在高通胀预期状态下 M1 冲击的价格效应

<<< 第12章 物价预警视角下的货币政策非对称性效应分析

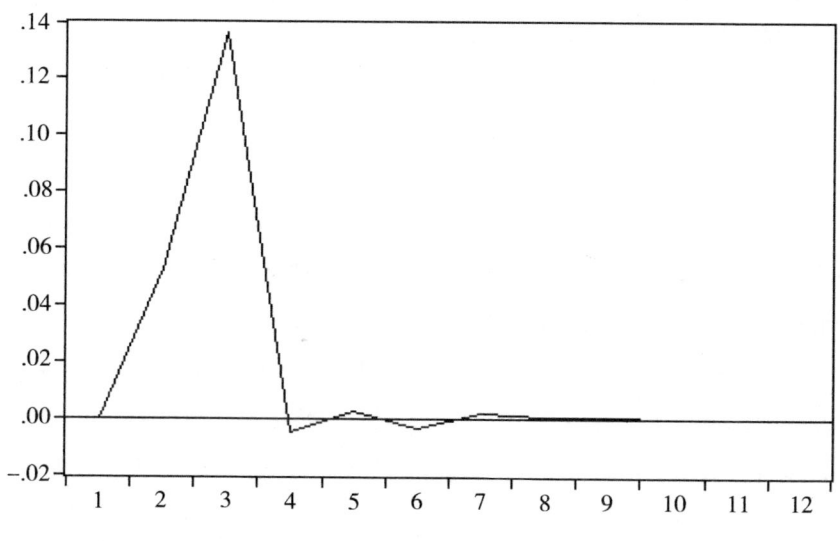

图12.3(b) 在低通胀预期状态下 M1 冲击的价格效应

由图12.3可知,在两种状态下,货币供给量对价格的冲击效应具有明显的非对称性。在高通胀预期状态下[图12.3(a)],货币供给量正冲击对价格在第2个月有一个正效应为0.11,紧接着就是小的负效应,随后很快减小到0.00。在低通胀预期状态下[图12.3(b)],货币供给量正冲击对价格具有短期较大的正效应,在第3个月达到最大值0.13,随时间的推移迅速减小到0.00。货币政策不具有长期的价格效应。相比而言,低通胀预期状态的货币政策短期价格效应更显著且为正。

12.4 本章小结

本章将第11章利用动态因子模型生成的物价预警综合指数作为 Logistic 平滑转移函数的转移变量,检验并估计了 LSTVAR 模型。然后,通过应用广义脉冲响应函数,考察了不同通胀预期状态下我国货币政策冲击的非对称性效应。主要结论有：

第一，在不同通胀预期状态下，短期内，货币政策的产出效应具有非对称性。相比而言，低通胀预期状态下货币政策的产出效应为正且更显著。货币政策不具有长期的产出效应。

第二，在不同通胀预期状态下，短期内，货币政策的价格效应具有非对称性。相比而言，低通胀预期状态下货币政策短期价格效应更显著且为正。货币政策也不具有长期的价格效应。

综上所述，由于货币政策的产出效应和价格效应较强地依赖于经济通胀预期的状态。所以政府在进行宏观调控时，不仅需要根据物价预警综合指数和门限值的大小关系确定当前经济是处于高通胀预期状态还是低通胀预期状态。而且需要明确当前政府宏观调控的首要目标是控制通货膨胀还是促进经济增长，这样才能制定出更加科学的货币政策。

附录

宏观变量及处理方式

实证分析中对以下变量进入模型分析之前,对数据进行预处理。其中"ln"表示取对数,"sa"表示去季节性,"d"表示差分。因此,"d_ln"表示取对数再差分,依此类推。

变 量	处理方式	变 量	处理方式
1. 工业生产者购进价格指数(上年同月=100)		19. 国房景气指数_当月	
2. 工业增加值_同比增长(%)		20. 居民消费价格指数(上年同月=100)_当月	d
3. 发电量_同比增长(%)		21. 城市居民消费价格指数(上年同月=100)_当月	d
4. 固定资产投资完成额_累计增长(%)		22. 农村居民消费价格指数(上年同月=100)_当月	d
5. 第一产业固定资产投资完成额_累计增长(%)	d	23. 商品零售价格指数(上年同月=100)_当月	d
6. 第二产业固定资产投资完成额_累计增长(%)	d	24. 城市商品零售价格指数(上年同月=100)_当月	d
7. 第三产业固定资产投资完成额_累计增长(%)		25. 农村商品零售价格指数(上年同月=100)_当月	d
8. 房地产投资_累计增长(%)		26. 工业生产者出厂价格指数(上年同月=100)_当月	d

续表

变　　量	处理方式	变　　量	处理方式
9. 房地产新开工施工面积_累计增长(%)	d	27. 工业生产者购进价格指数(上年同月=100)_当月	d
10. 房地产竣工面积_累计增长(%)		28. 银行间同业拆借加权平均利率_当月	
11. 商品房销售额_累计增长(%)		29. 银行间债券质押式回购交易加权平均利率_当月	
12. 社会消费品零售总额_同比增长(%)	d	30. 国家外汇储备_期末	d_ln
13. 粮油、食品、饮料、烟酒类商品零售类值_同比增长(%)		31. 人民币对日元平均汇率_当月	d
14. 出口总值_同比增长(%)	d	32. 消费者信心指数	
15. 进口总值_同比增长(%)		33. 上证综合指数	d_ln
16. 货币和准货币(M2)供应量_同比增长(%)		34. 深圳成分指数	d_ln
17. 货币(M1)供应量_同比增长(%)		35. 实际有效汇率	d
18. 流通中现金(M0)供应量_同比增长(%)			

参考文献

[1] Bernanke B S, Boivin J, Eliasz P. Measuring the effects of monetary policy: a factor-augmented vector autoregressive (FAVAR) approach[J]. The Quarterly Journal of Economics. 2005, 120(1): 387-422.

[2] 周小川. 金融政策对金融危机的响应——宏观审慎政策框架的形成背景、内在逻辑和主要内容[J]. 金融研究. 2011(01): 1-14.

[3] Bernanke B S, Gertler M. Should central banks respond to movements in asset prices? [J]. The American Economic Review. 2001, 91(2): 253-257.

[4] Goodhart C, Hofmann B. Asset prices, financial conditions, and the transmission of monetary policy[C]. 2001.

[5] Stock J H, Watson M W. New indexes of coincident and leading economic indicators[M]. NBER Macroeconomics Annual 1989, Volume 4, MIT Press, 1989, 351-409.

[6] 陈磊、高铁梅. 利用Stock-Watson型景气指数对宏观经济形势的分析和预测[J]. 数量经济技术经济研究. 1994(05): 53-59.

[7] 董文泉、高铁梅、程磊、吴桂珍. Stock-Watson型景气指数及其对我国经济的应用[J]. 数量经济技术经济研究. 1995(12): 68-74.

[8] 王金明、程建华、杨晓光. SW型先行景气指数建设的实证研究[J]. 中国管理科学. 2007, 72(04): 116-123.

[9] 郭国锋、郑召锋. 中国宏观经济先行指数和一致指数应用效果检验与改进[J]. 数量经济技术经济研究. 2010, 27(10): 131-144.

[10] 韩艾、郑桂环、王寿阳. 广义动态因子模型在景气指数构建中的应用——

中国金融周期景气分析[J]. 系统工程理论与实践. 2010(05): 803-811.

[11] 赵昕东, 汤丹. 基于CPI分项目价格指数的中国核心通货膨胀估计及政策选择研究[J]. 统计研究. 2012(07): 31-36.

[12] 肖强, 司颖华. 货币政策对房地产价格影响的非对称分析—基于LST-VAR模型[J]. 数学的实践与认识. 2014(10): 108-115.

[13] English W, Tsatsaronis K, Zoli E. Assessing the Predictive Power of Measures of Financial Conditions For Macroeconomic Variables[R]. BIS paper, 2005.

[14] Hatzius J, Hooper P, Mishkin F S, et al. Financial Conditions Indexes: A fresh Look After the Financial Crisis[R]. National Bureau of Economic Research, 2010.

[15] Galvao A B, Owyang M T. Measuring Macro-Financial Conditions Using a Factor-Augmented Smooth-Transition Vector Autoregression[R]. working paper, 2013.

[16] Debuque-Gonzales M, Gochoco-Bautista M S. Financial Conditions Indexes for Asian Economies[M]. Asian Development Bank, 2013.

[17] Angelopoulou E, Balfoussia H, Gibson H D. Building a financial conditions index for the euro area and selected euro area countries: what does it tell us about the crisis? [J]. Economic Modelling. 2014, 38: 392-403.

[18] Sims C A. Interpreting the macroeconomic time series facts: the effects of monetary policy[J]. European Economic Review. 1992, 36(5): 975-1000.

[19] 刘斌. 我国货币供应量与产出、物价间相互关系的实证研究[J]. 金融研究. 2002(07): 10-17.

[20] 刘霖, 靳云汇. 货币供应、通货膨胀与中国经济增长——基于协整的实证分析[J]. 统计研究. 2005(03): 14-19.

[21] 米什金. 货币金融学(第6版)[M]. 北京: 中国人民大学出版社, 2005.

[22] 王少平、朱满洲、程海星. 中国通胀分类指数的波动源及其性质[J]. 管理世界. 2012(08): 5-14.

[23] 肖强、张晓峒、司颖华. 货币政策有效性及产业非对称性分析[J]. 商业研究. 2014(04): 25-30.

[24] 赵进文、黄彦. 中国货币政策与通货膨胀关系的模型实证研究[J]. 中国社会科学. 2006(02): 45-54.

[25] 石柱鲜、孙皓、邓创. Taylor规则在我国货币政策中的实证检验——基于时变隐性通货膨胀目标的新证据[J]. 当代财经. 2009(12): 43–48.

[26] 张旭、文忠桥. 利率期限结构与货币政策效果分析[J]. 金融经济学研究. 2013(02): 66–76.

[27] 张延群. 中国核心通货膨胀率的度量及其货币政策涵义[J]. 金融研究. 2011(01): 64–72.

[28] 田新民、武晓婷. 中国核心通货膨胀的SVAR模型估计与政策应用[J]. 中国工业经济. 2012(12): 5–17.

[29] 张成思. 中国CPI通货膨胀率子成分动态传导机制研究[J]. 世界经济. 2009(11): 3–12.

[30] Jalali-Naini A R, Hemati M. The Effect of Monetary Shocks on Disaggregated Prices in a Data Rich Environment: a Bayesian FAVAR Approach[J]. Money and Economy. 2012, 6(4): 27–60.

[31] 黄敏. 我国货币政策非对称效应研究[D]. 复旦大学, 2012.

[32] Choi W G. Asymmetric monetary effects on interest rates across monetary policy stances[J]. Journal of Money, Credit and Banking. 1999: 386–416.

[33] Florio A. The asymmetric effects of monetary policy[J]. Journal of Economic Surveys. 2004, 18(3): 409–426.

[34] 万解秋、徐涛. 汇率调整对中国就业的影响——基于理论与经验的研究[J]. 经济研究. 2004(02): 39–46.

[35] Mankiw N G, Romer D, Shapiro M D. Stock market forecastability and volatility: a statistical appraisal[J]. The Review of Economic Studies. 1991, 58(3): 455–477.

[36] Ball L, Mankiw N G. Asymmetric price adjustment and economic fluctuations[R]. National Bureau of Economic Research, 1994.

[37] Castillo P G, Montoro C H. The Asymmetric Effects of Monetary Policy in General Equilibrium[J]. Journal of CENTRUM Cathedra. 2008, 1(2): 28–46.

[38] 曹永琴. 中国货币政策产业非对称效应实证研究[J]. 数量经济技术经济研究. 2010(09): 18–30.

[39] Bliss R R, Kaufman G G. Bank Procyclicality, Credit Crunches, and Asymmet-

ric Monetay Policy Effects: A Unifying Model[R]. Citeseer, 2002.

[40] Bernanke B, Gertler M. Agency costs, net worth, and business fluctuations[J]. The American Economic Review. 1989: 14 –31.

[41] 胡海鸥、虞伟荣. 货币政策的信贷传导——信息不对称, 金融加速器效应[J]. 山西财经大学学报. 2004, 25(5): 76 –79.

[42] 曹家和. 货币政策效应的非对称性与紧缩时期我国货币政策中介目标的可行性研究[J]. 中国软科学. 2004(4): 54 –58.

[43] 戴金平、金永军、刘斌. 资本监管, 银行信贷与货币政策非对称效应[J]. 经济学（季刊）. 2008(1): 481 –508.

[44] Cover J P. Asymmetric effects of positive and negative money – supply shocks[J]. The Quarterly Journal of Economics. 1992, 107(4): 1261 –1282.

[45] Karras G. Are the output effects of monetary policy asymmetric? Evidence from a sample of European countries[J]. Oxford Bulletin of Economics and Statistics. 1996, 58(2): 267 –278.

[46] 王晓芳、景长新. 普勒规划视角下的我国货币政策中介目标评价[J]. 上海金融. 2006(09): 33 –36.

[47] Bernanke B S, Blinder A S. The federal funds rate and the channels of monetary transmission[J]. The American Economic Review. 1992: 901 –921.

[48] Bernanke B S, Gertler M. Inside the black box: the credit channel of monetary policy transmission[R]. National bureau of economic research, 1995.

[49] Romer C D, Romer D H, Goldfeld S M, et al. New evidence on the monetary transmission mechanism[J]. Brookings Papers on Economic Activity. 1990: 149 –213.

[50] Senda T. Asymmetric effects of money supply shocks and trend inflation[J]. Journal of Money, Credit and Banking. 2001: 65 –89.

[51] 黄先开、邓述慧. 货币政策中性与非对称性的实证研究[J]. 管理科学学报. 2000, 3(2): 34 –41.

[52] 陆军、舒元. 货币政策无效性命题在中国的实证研究[J]. 经济研究. 2002(3): 21 –26.

[53] 陈建斌. 政策方向、经济周期与货币政策效力非对称性[J]. 管理世界.

2006(09):6-12.

[54] Gertler M, Gilchrist S. The role of credit market imperfections in the monetary transmission mechanism: arguments and evidence[J]. The Scandinavian Journal of Economics. 1993:43-64.

[55] Agung J. Financial deregulation and the bank lending channel in developing countries: the case of Indonesia[J]. Asian Economic Journal. 1998,12(3):273-294.

[56] 陈德伟、徐琼、孙崎岖. 我国货币政策效果的非对称性实证研究[J]. 数量经济技术经济研究. 2003(05):19-22.

[57] Ravn M O, Sola M. Asymmetric effects of monetary policy in the United States[C]. 2004.

[58] Garcia R, Schaller H. Are the effects of monetary policy asymmetric?[J]. Economic Inquiry. 2002,40(1):102-119.

[59] 郭明星、刘金全、刘志刚. 我国货币供给增长率与国内产出增长率之间的影响关系检验——来自 MS-VECM 模型的新证据[J]. 数量经济技术经济研究. 2005(05):27-39.

[60] 刘金全、郑挺国. 我国货币政策冲击对实际产出周期波动的非对称影响分析[J]. 数量经济技术经济研究. 2006(10):3-14.

[61] 郑挺国、刘金全. 区制转移形式的"泰勒规则"及其在中国货币政策的应用[J]. 经济研究. 2010(3):40-52.

[62] Weise C L. The asymmetric effects of monetary policy: A nonlinear vector autoregression approach[J]. Journal of Money, Credit and Banking. 1999,31(1):85-108.

[63] Sensier M, Osborn D R, O Cal N. Asymmetric Interest Rate Effects for the UK Real Economy[J]. Oxford Bulletin of Economics and Statistics. 2002,64(4):315-339.

[64] 赵进文、闵捷. 央行货币政策操作效果非对称性实证研究[J]. 经济研究. 2005(02):26-34.

[65] 赵进文、闵捷. 央行货币政策操作政策拐点与开关函数的测定[J]. 经济研究. 2005(12):90-101.

[66] 彭方平. STR 模型及我国货币政策传导非线性研究[D]. 华中科技大学,2007.

[67] 刘金全、隋建利、李楠. 基于非线性VAR模型对我国货币政策非对称作用效应的实证检验[J]. 中国管理科学. 2009(03): 47-55.

[68] 欧阳志刚、王世杰. 我国货币政策对通货膨胀与产出的非对称反应[J]. 经济研究. 2009(09): 27-38.

[69] Beaudry P, Koop G. Do recessions permanently change output? [J]. Journal of Monetary economics. 1993, 31(2): 149-163.

[70] Thoma M A. Subsample instability and asymmetries in money-income causality [J]. Journal of Econometrics. 1994, 64(1): 279-306.

[71] 项后军、于洋. 通货膨胀预期视角下的货币政策对资产价格反应问题的研究[J]. 统计研究. 2012(11): 41-48.

[72] 李颖. 中国物价波动的特征和影响因素研究[D]. 东北财经大学, 2011.

[73] 董文泉、高铁梅. 经济周期波动的分析与预测方法[M]. 1 ed. 长春: 吉林大学出版社, 1998: 206-228.

[74] Sargent T J, Sims C A. Business cycle modeling without pretending to have too much a priori economic theory[J]. New methods in business cycle research. 1977, 1: 145-168.

[75] Geweke J. The Dynamic Factor Analysis of Economic Time Series in Latent Variables in Socio-Economic Models[M]. North-Holland: D. J. Aigner and A. S. Goldberger, Amsterdam, 1977.

[76] Korobilis D. Assessing the transmission of monetary policy shocks using dynamic factor models[R]. SSRN 1461152, 2009.

[77] Joslin S, Priebsch M, Singleton K J. Risk premium accounting in macro-dynamic term structure models[J]. Manuscript, Standford University. 2009.

[78] Forni M, Gambetti L. The dynamic effects of monetary policy: A structural factor model approach[J]. Journal of Monetary Economics. 2010, 57(2): 203-216.

[79] Barigozzi M, Conti A M, Luciani M. Measuring euro area monetary policy transmission in a structural dynamic factor model[M]. European Commission, Directorate General for Economic and Financial Affairs, 2011.

[80] D Agostino A, Giannone D. Comparing Alternative Predictors Based on Large-

Panel Factor Models[J]. Oxford Bulletin of Economics and Statistics. 2011, 74(2): 306 - 326.

[81] Das S, Gupta R, Kabundi A. Forecasting regional house price inflation: a comparison between dynamic factor models and vector autoregressive models[J]. Journal of Forecasting. 2011, 30(2): 288 - 302.

[82] 朱满洲. 动态因子模型的理论和应用研究[D]. 华中科技大学, 2013.

[83] 杜海韬、邓翔. 部门价格动态、特质冲击与货币政策——基于结构动态因子方法[J]. 经济研究. 2013(12).

[84] Marcellino M, Porqueddu M, Venditti F. Short - term GDP forecasting with a mixed frequency dynamic factor model with stochastic volatility[M]. Centre for Economic Policy Research, 2013.

[85] Koopman S J, Van Der Wel M. Forecasting the US term structure of interest rates using a macroeconomic smooth dynamic factor model[C]. 2013.

[86] Groen J J, Kapetanios G. Model Selection Criteria for Factor - Augmented Regressions[J]. Oxford Bulletin of Economics and Statistics. 2013, 75(1): 37 - 63.

[87] Breitung J O R, Pigorsch U. A canonical correlation approach for selecting the number of dynamic factors[J]. Oxford Bulletin of Economics and Statistics. 2013, 75(1): 23 - 36.

[88] Andreou E, Ghysels E, Kourtellos A. Should macroeconomic forecasters use daily financial data and how?[J]. Journal of Business \& Economic Statistics. 2013, 31(2): 240 - 251.

[89] Luciani M. Monetary policy and the housing market: A structural factor analysis[J]. Journal of Applied Econometrics. 2013.

[90] Bajari P, Chan P, Krueger D, et al. A Dynamic model of housing demand: estimation and policy implication[J]. International Economic Review. 2013, 54(2): 409 - 442.

[91] Cattell R B. The scree test for the number of factors[J]. Multivariate behavioral research. 1966, 1(2): 245 - 276.

[92] Onatski A. Testing hypotheses about the number of factors in large factor models

[J]. Econometrica. 2009, 77(5): 1447-1479.

[93] Bai J, Ng S. Determining the number of factors in approximate factor models [J]. Econometrica. 2002, 70(1): 191-221.

[94] Bai J, Ng S. Determining the number of primitive shocks in factor models[J]. Journal of Business \& Economic Statistics. 2007, 25(1).

[95] Pan J, Yao Q. Modelling multiple time series via common factors[J]. Biometrika. 2008, 95(2): 365-379.

[96] Ahn S C, Horenstein A R. Eigenvalue ratio test for the number of factors[J]. Econometrica. 2013, 81(3): 1203-1227.

[97] Jacobs J P, Otter P W. Determining the number of factors and lag order in dynamic factor models: A minimum entropy approach[J]. Econometric Reviews. 2008, 27 (4-6): 385-397.

[98] Zuur A F, Fryer R J, Jolliffe I T, et al. Estimating common trends in multivariate time series using dynamic factor analysis[J]. Environmetrics. 2003, 14(7): 665-685.

[99] Chamberlain G, Rothschild M. Arbitrage, factor structure, and mean-variance analysis on large asset markets[R]. National Bureau of Economic Research, 1984.

[100] Chib S, Greenberg E. Markov chain Monte Carlo simulation methods in econometrics[J]. Econometric theory. 1996, 12: 409-431.

[101] Boivin J, Giannoni M P. Has monetary policy become more effective? [J]. The Review of Economics and Statistics. 2006, 88(3): 445-462.

[102] Bai J, Ng S. Instrumental variable estimation in a data rich environment[J]. Econometric Theory. 2010, 26(6): 1577.

[103] Sims C A. Macroeconomics and reality[J]. Econometrica: Journal of the Econometric Society. 1980: 1-48.

[104] Sims C A, Stock J H, Watson M W. Inference in linear time series models with some unit roots[J]. Econometrica: Journal of the Econometric Society. 1990: 113-144.

[105] Blanchard O J, Quah D. The dynamic effects of aggregate demand and supply disturbances[R]. National Bureau of Economic Research, 1990.

[106] Chung-Nang L, Huang B, Yang C. Defense spending and economic growth

across the Taiwan straits: a threshold regression model[J]. Defence and Peace Economics. 2005, 16(1): 45 - 57.

[107] Stock J H, Watson M W. Forecasting output and inflation: the role of asset prices[R]. National Bureau of Economic Research, 2001.

[108] Ahmadi P A, Uhlig H. Measuring the dynamic effects of monetary policy shocks: a Bayesian FAVAR approach with sign restrictions[R]. mimeo, 2009.

[109] Amir Ahmadi P, Ritschl A. Depression econometrics: a FAVAR model of monetary policy during the Great Depression[J]. 2009.

[110] Vasishtha G, Maier P. The impact of the global business cycle on small open economies: A FAVAR approach for Canada[R]. Bank of Canada Working Paper, 2011.

[111] Lombardi M J, Osbat C, Schnatz B. Global commodity cycles and linkages: a FAVAR approach[J]. Empirical Economics. 2011: 1 - 20.

[112] 王胜、陈继勇. 中美经济关系、汇率制度与中国汇率政策——基于FAVAR模型的实证分析[J]. 数量经济技术经济研究. 2010(01): 95 - 106.

[113] 丁志国、徐德财、赵晶. 美国货币政策对中国价格体系的影响机理[J]. 数量经济技术经济研究. 2012(08): 3 - 18.

[114] He Q, Leung P, Chong T T. Factor-augmented VAR analysis of the monetary policy in China[J]. China Economic Review. 2013.

[115] 肖强. 货币政策对CPI分类指标冲击的异质性效应[J]. 当代财经. 2014(09): 45 - 54.

[116] 肖强. 资产价格调控的货币政策工具选择——基于MS - FAVAR模型[J]. 中央财经大学学报. 2014(07): 23 - 30.

[117] Vasishtha G, Maier P. The impact of the global business cycle on small open economies: A FAVAR approach for Canada[J]. The North American Journal of Economics and Finance. 2013, 24: 191 - 207.

[118] Kamber G, Karagedikli O, Ryan M, et al. International spill-overs of uncertainty shocks: Evidence from a FAVAR[R]. mimeo, 2013.

[119] Kaabia O, Abid I. Theoretical Channels Of International Transmission During The Subprime Crisis To OECD Countries: A FAVAR Model Under Bayesian Framework[J].

Journal of Applied Business Research (JABR). 2013, 29(2): 443-460.

[120] Kazi I A, Wagan H, Akbar F. The changing international transmission of US monetary policy shocks: Is there evidence of contagion effect on OECD countries[J]. Economic Modelling. 2013, 30: 90-116.

[121] Boivin J, Giannoni M P, Stevanovic D. Dynamic effects of credit shocks in a data-rich environment[M]. Centre for Economic Policy Research, 2013.

[122] Soares R. Assessing monetary policy in the euro area: a factor-augmented VAR approach[J]. Applied Economics. 2013, 45(19): 2724-2744.

[123] Boivin J, Giannoni M P, Mihov I. Sticky prices and monetary policy: Evidence from disaggregated US data[J]. The American Economic Review. 2009: 350-384.

[124] Hansen B E. Threshold effects in non-dynamic panels: Estimation, testing, and inference[J]. Journal of econometrics. 1999, 93(2): 345-368.

[125] Hansen B E. Sample splitting and threshold estimation[J]. Econometrica. 2003, 68(3): 575-603.

[126] 刘金全、郑挺国. 我国经济周期阶段性划分与经济增长走势分析[J]. 中国工业经济. 2008(01): 32-39.

[127] Nakajima J. Bayesian Analysis of Latent Threshold Models[D]. Duke University, 2012.

[128] Hamilton J D. A new approach to the economic analysis of nonstationary time series and the business cycle[J]. Econometrica: Journal of the Econometric Society. 1989: 357-384.

[129] Hamilton J D. Regime-switching models[M]. UK: Palgrave Macmillan Basingstoke, 2008.

[130] 刘金全、李庆华. 中国经济周期的阶段性划分和经济波动的非对称性——基于马尔可夫区制转移模型的研究[J]. 社会科学战线. 2009(06): 85-90.

[131] 司颖华、肖强. 中国物价波动的非线性特征分析[J]. 中国统计. 2014(07): 53-55.

[132] Ter? svirta, timo. Specification, estimation, and evaluation of smooth transition autoregressive models[J]. Journal of the american Statistical association. 1994, 89

(425): 208-218.

[133] Deschamps P J. Comparing smooth transition and Markov switching autoregressive models of US unemployment[J]. Journal of Applied Econometrics. 2008, 23(4): 435-462.

[134] 王世杰. 基于机制转移模型的中国货币政策效应不对称性研究[D]. 华侨大学, 2009.

[135] 王成勇、艾春荣. 中国经济周期阶段的非线性平滑转换[J]. 经济研究. 2010(03): 78-90.

[136] 李颖、林景润、高铁梅. 我国通货膨胀、通货膨胀预期与货币政策的非对称分析[J]. 金融研究. 2010(12): 16-29.

[137] Kim H. Large data sets, nonlinearity and the speed of adjustment to real exchange rate shocks[J]. Applied Economics. 2012, 44(5): 631-639.

[138] 司颖华. 基于LSTAR模型的中国经济周期非线性特征分析[J]. 西安电子科技大学学报(社会科学版). 2014(01): 74-79.

[139] 司颖华. 我国房地产周期的测度及其非线性动态调整[J]. 统计与决策. 2014(19): 148-151.

[140] 司颖华. 中国通货膨胀率的非线性特征分析——基于物价预警视角[J]. 西安电子科技大学学报(社会科学版). 2014(03): 53-59.

[141] Van Dijk D, Ter A Svirta T, Franses P H. Smooth transition autoregressive models—a survey of recent developments[J]. Econometric Reviews. 2002, 21(1): 1-47.

[142] Granger C W, Terasvirta T. Modelling non-linear economic relationships[M]. Oxford University Press, 2011.

[143] Koop G, Pesaran M H, Potter S M. Impulse response analysis in nonlinear multivariate models[J]. Journal of Econometrics. 1996, 74(1): 119-147.

[144] Mankiw N G, Reis R. What measure of inflation should a central bank target? [J]. Journal of the European Economic Association. 2003, 1(5): 1058-1086.

[145] Friedman M. Inflation Causes and Consequence[M]. New York: Asia Publishing House, 1963.

[146] Quah D, Vahey S P. Measuring core inflation[M]. Centre for Economic Per-

formance, London School of Economics and Political Science, 1995.

[147] Cristadoro R, Forni M, Reichlin L, et al. A core inflation indicator for the euro area[J]. Journal of Money, Credit and Banking. 2005: 539 – 560.

[148] Roger S. Core inflation: concepts, uses and measurement[R]. Reserve Bank of New Zealand Discussion Paper, 1998.

[149] Cogley T. A simple adaptive measure of core inflation[J]. Journal of Money, Credit, and Banking. 2002, 34(1): 94 – 113.

[150] Bryan M F, Cecchetti S G. Inflation and the distribution of price changes[J]. Review of Economics and Statistics. 1999, 81(2): 188 – 196.

[151] 黄燕. 核心通货膨胀的界定与衡量[J]. 上海金融. 2004(10): 19 – 21.

[152] 简泽. 中国核心通货膨胀的估计[J]. 数量经济技术经济研究. 2005(11): 3 – 13.

[153] 范跃进、冯维江. 核心通货膨胀测量及宏观调控的有效性:对中国1995—2004的实证分析[J]. 管理世界. 2005(05): 6 – 13.

[154] 龙革生、曾令华、黄山. 我国核心通货膨胀的实证比较研究[J]. 统计研究. 2008(03): 20 – 26.

[155] 王少平、谭本艳. 中国的核心通货膨胀率及其动态调整行为[J]. 世界经济. 2009(11): 13 – 22.

[156] 谭屹然、石柱鲜、赵红强. 我国核心通货膨胀率的测定研究——小波方法的应用与比较[J]. 工业技术经济. 2011(05): 143 – 147.

[157] 侯成琪、龚六堂、张维迎. 核心通货膨胀:理论模型与经验分析[J]. 经济研究. 2011(02): 4 – 18.

[158] 陈磊、张同斌. 我国通胀率与核心通胀率动态机制实证研究[J]. 数量经济技术经济研究. 2012(12): 97 – 111.

[159] 陈永志、吴锦顺. 中国核心通货膨胀率的估计——基于卡尔曼滤波和多元HP滤波的比较[J]. 当代经济研究. 2013(03): 36 – 42.

[160] 侯成琪、龚六堂. 核心通货膨胀理论综述[J]. 经济学(季刊). 2013(02): 549 – 576.

[161] 肖强、司颖华. 基于DFM的中国核心通货膨胀率估计[J]. 统计与决策.

2013(18):8-10.

[162] Bai J, Ng S. A PANIC attack on unit roots and cointegration[J]. Econometrica. 2004, 72(4):1127-1177.

[163] Enders W, Hurn S. Asymmetric price adjustment and the Phillips curve[J]. Journal of Macroeconomics. 2002, 24(3):395-412.

[164] Binner J M, Elger C T, Nilsson B, et al. Predictable non-linearities in US inflation[J]. Economics Letters. 2006, 93(3):323-328.

[165] Nobay B, Paya I, Peel D A. Inflation dynamics in the US: global but not local mean reversion[J]. Journal of Money, Credit and Banking. 2010, 42(1):135-150.

[166] 张凌翔、张晓峒. 通货膨胀率周期波动与非线性动态调整[J]. 经济研究. 2011(05):17-31.

[167] 刘雪燕、张晓峒. 非线性LSTAR模型中的单位根检验[J]. 南开经济研究. 2009(01):61-74.

[168] Sims C A. Interpreting the macroeconomic time series facts: the effects of monetary policy[J]. European Economic Review. 1992, 36(5):975-1000.

[169] 耿强、樊京京. 不同货币政策工具的实施效果实证分析——基于中国数据的VAR检验[J]. 当代财经. 2009(03):55-61.

[170] Stock J H, Watson M W. Forecasting using principal components from a large number of predictors[J]. Journal of the American statistical association. 2002, 97(460):1167-1179.

[171] 沈悦、周奎省、李善燊. 基于FAVAR模型的货币政策的房价传导机制研究[J]. 当代经济科学. 2011(03):50-58.

[172] 李善燊、沈悦. 我国收入差距与住宅价格互动关系实证研究[J]. 中央财经大学学报. 2012(11):68-72.

[173] 陈普. FAVAR及其时变模型在中国宏观经济的应用[D]. 华中科技大学, 2012.

[174] 汪立平. 货币政策与股票市场的相互影响[D]. 山西大学, 2012.

[175] 沈悦、李善燊. 中国"房价之谜"的检验与原因分析[J]. 上海经济研究. 2012(08):42-51.

[176] Aoki M. Modeling aggregate behavior and fluctuations in economics: stochastic views of interacting agents[M]. Cambridge University Press, 2004.

[177] Mayes D G, Vir E N M. Financial conditions indexes[C]. 2002.

[178] Lack C P. A financial conditions index for Switzerland[J]. Monetary Policy in a Changing Environment. 2003: 398 – 413.

[179] Swiston A. A US financial conditions index: Putting credit where credit is due [M]. International Monetary Fund, 2006.

[180] Guichard S E P, Turner D. Quantifying the effect of financial conditions on US activity[R]. OECD Publishing, 2008.

[181] Beaton K, Lalonde R E, Luu C. A financial conditions index for the United States[R]. Bank of Canada Discussion Paper, 2009.

[182] Holz M. A Financial Conditions Index as Indicator for Monetary Policy in Times of Low, Stable Inflation and High Financial Market Volatility[R]. The 9th workshop of Macroeconomics and Macroeconomic Policies, 2005.

[183] Montagnoli A, Napolitano O. Financial Condition Index and interest rate settings: a comparative analysis[R]. Istituto di Studi Economici Working Paper, 2005.

[184] Wang X, Dennis L, Tu Y S J. Measuring financial condition: A study of US states[J]. Public Budgeting \& Finance. 2007, 27(2): 1 – 21.

[185] Premsingh M. Financial Conditions Index for India[J]. Available at SSRN 1527397. 2010.

[186] Koop G, Korobilis D. A New Index of Financial Conditions[R]. work paper, 2013.

[187] 王玉宝. 金融形势指数(FCI)的中国实证[J]. 上海金融. 2005(08): 29 – 32.

[188] 封北麟、王贵民. 货币政策与金融形势指数 FCI:基于 VAR 的实证分析 [J]. 数量经济技术经济研究. 2006(11): 142 – 150.

[189] 王彬. 金融形势指数与货币政策——基于中国数据的实证研究[J]. 当代经济科学. 2009(04): 20 – 27.

[190] 戴国强、张建华. 中国金融状况指数对货币政策传导作用研究[J]. 财经

研究. 2009(07): 52-62.

[191] 李成、王彬、马文涛. 我国金融形势指数的构建及其与宏观经济的关联性研究[J]. 财贸经济. 2010(03): 20-26.

[192] 巴曙松、韩明睿. 基于SVAR模型的金融形势指数[J]. 宏观经济研究. 2011(04): 26-31.

[193] 封思贤、蒋伏心、谢启超,张文正. 金融状况指数预测通胀趋势的机理与实证——基于中国1999-2011年月度数据的分析[J]. 中国工业经济. 2012(04): 18-30.

[194] 郭晔、杨娇. 货币政策的指示器——FCI的实证检验和比较[J]. 金融研究. 2012(08): 16-28.

[195] 廖信林、封思贤、谢启超. 金融状况指数对通货膨胀的动态时变预测——基于马尔科夫机制转换视角[J]. 现代财经(天津财经大学学报). 2012(08): 13-22.

[196] 徐国祥、郑雯. 中国金融状况指数的构建及预测能力研究[J]. 统计研究. 2013(08): 17-24.

[197] 刁节文、章虎. 基于金融形势指数对我国货币政策效果非线性的实证研究[J]. 金融研究. 2012(04): 32-44.

[198] 文青. 我国金融状况指数的测算与检验[J]. 经济理论与经济管理. 2013(04): 51-58.

[199] 王维国、王霄凌、关大宇. 中国金融条件指数的设计与应用研究[J]. 数量经济技术经济研究. 2011(12): 115-131.

[200] 陆军、刘威、李伊珍. 新凯恩斯菲利普斯曲线框架下的中国动态金融状况指数[J]. 财经研究. 2011, 37(11).

[201] 卞志村、孙慧智、曹媛媛. 金融形势指数与货币政策反应函数在中国的实证检验[J]. 金融研究. 2012(08): 44-55.

[202] 余辉、余剑. 我国金融状况指数构建及其对货币政策传导效应的启示——基于时变参数状态空间模型的研究[J]. 金融研究. 2013(04): 85-98.

[203] 陆军、梁静瑜. 中国金融状况指数的构建[J]. 世界经济. 2007(04): 13-24.

[204] 郭琨、成思危. 金融状况指数研究评述[J]. 国际金融研究. 2011(05):

67-73.

[205] Jacobs J P, Otter P W. Determining the number of factors and lag order in dynamic factor models: A minimum entropy approach[J]. Econometric Reviews. 2008, 27(4-6): 385-397.

[206] 魏武雄. 时间序列分析——单变量和多变量方法[M]. 北京：中国人民大学出版社, 2009.

[207] Morlet J, Arens G, Fourgeau E, et al. Wave propagation and sampling theory - Part I: Complex signal and scattering in multilayered media[J]. Geophysics. 1982, 47(2): 203-221.

[208] Daubechies I. Orthonormal bases of compactly supported wavelets[J]. Communications on pure and applied mathematics. 1988, 41(7): 909-996.

[209] 董直庆、王林辉. 我国证券市场与宏观经济波动关联性：基于小波变换和互谱分析的对比检验[J]. 金融研究. 2008(08): 39-52.

[210] 张宗新、张雪娇. 基金交易行为与市场波动——基于小波与互谱分析的数据挖掘[J]. 管理工程学报. 2012(02): 156-161.

[211] 肖强、金坚明、高忠社、徐应祥. Daubechies 样条小波及其应用[J]. 南开大学学报(自然科学版). 2013(02): 78-87.

[212] 肖强. 张量积形式的 Daubechies 样条小波有限元[D]. 西北师范大学, 2006.

[213] Balke N S. Credit and economic activity: credit regimes and nonlinear propagation of shocks[J]. Review of Economics and Statistics. 2000, 82(2): 344-349.

[214] Davig T, Hakkio C. What Is the Effect of Financial Stress on Economic Activity?[J]. Federal Reserve Bank of Kansas City, Economic Review. 2010, 95(2): 35-62.

[215] 胡谍. 房地产市场对宏观经济的影响机制研究[D]. 清华大学, 2011.

[216] 王国静、田国强. 金融冲击和中国经济波动[J]. 经济研究. 2014, 49(3): 20-34.

[217] 中国人民银行研究局课题组. 中国股票市场发展与货币政策完善[J]. 金融研究. 2002(04): 1-12.

[218] 孙华妤、马跃. 中国货币政策与股票市场的关系[J]. 经济研究. 2003

(07):44-53.

[219] 董亮. 中国货币政策资产价格传导效应的理论与实证研究[D]. 上海交通大学,2008.

[220] 赵进文、高辉. 资产价格波动对中国货币政策的影响——基于1994-2006年季度数据的实证分析[J]. 中国社会科学. 2009(02):98-114.

[221] 鲁万峰. 货币供应环境对股票价格的影响机制[D]. 中国社会科学院研究生院,2010.

[222] 陈浪南、刘宏伟. 我国经济周期波动的非对称性和持续性研究[J]. 经济研究. 2007(04):43-52.

[223] 石柱鲜、刘俊生、吴泰岳. 利用多变量马尔科夫转移因子模型对我国经济周期波动的经验研究[J]. 数理统计与管理. 2007(05):821-829.

[224] 白仲林、赵亮. 我国通货膨胀率的最优目标区间几何?[J]. 统计研究. 2011,28(06):6-10.